NOS

Silviano Santiago

O grande relógio
A que hora o mundo recomeça
Caderno em andamento 1

O Pavilhão Maxwell Alexandre é a capela exclusiva do artista, uma tentativa de curar e exibir em tempo real suas elaborações e interesses. É onde congrega toda sua mitologia ainda em desenvolvimento: trabalhos inacabados poderão ser apresentados, sem tanta tensão comercial e burocracias que reivindicam o objeto de arte pronto, seguro e imaculado. Essa é uma premissa fundamental da nova edificação em comparação à circulação de obras de arte no mercado e nas instituições vigentes. O artista entende que seu Pavilhão é o lugar do risco, de mostrar vulnerabilidade, trabalhos ainda em fases imaturas, duvidosas e constrangedoras.

MAXWELL ALEXANDRE
artista plástico (Rio de Janeiro, 1990)

Introdução

Machado e Marcel, esboço de *O grande relógio: A que hora o mundo recomeça*

"Um amor de Swann" [segundo capítulo de Du Côté de chez Swann*] não pertencia, pois, ao primeiro plano concebido por Proust para* Em busca do tempo perdido. *Trata-se dum episódio estranho, uma narrativa [un récit] na terceira pessoa sobre uma aventura ocorrida no passado, anterior ao nascimento do herói. A narrativa serve para apresentar o personagem Charles Swann, alter ego do herói, seu modelo em todo o romance, e oferece uma primeira análise do amor e do ciúme, que o herói conhecerá depois de Swann.*

ANTOINE COMPAGNON
prefácio a *Du Côté de chez Swann* (1988),
volume inicial de *À la Recherche du temps perdu*[1]

1

Introduzo o leitor a uma proposta de leitura que confronta e contrasta *Dom Casmurro* (1899), do romancista brasileiro Machado de Assis, e "Um amor de Swann" (1913), do francês

---

[1] Salvo quando sinalizado em contrário, as traduções e notas neste caderno são do autor. (N.E.)

Marcel Proust, e desde já lhe anuncio que será ilimitado o propósito de relacionar as duas obras literárias heterogêneas e distantes no espaço e no tempo da história moderna.

A obra-prima de Proust se alicerça na paixão francesa pela cultura ocidental e permanece um dos maiores acontecimentos literários. Já a do brasileiro Machado, ainda a ser reconhecida como tal fora do Brasil, escarafuncha solitariamente — com o instrumental civilizatório que o autodidata carioca recebeu do colonialismo lusitano — o obscuro mundo planetário, a que todas e todos os humanos pertencemos e que, a partir do século XVIII, coube à Europa dominar pela homogeneização global. Pertencem as duas à prestigiada categoria de *long-sellers,* numa época em que o best-seller e os princípios estéticos que lhe são convenientes reinam como solução para o impasse da arte literária no século XXI.

Bom exemplo da abertura machadiana para um Ocidente bélico que, desde as grandes navegações marítimas, maquina a conquista e o domínio exclusivo do planeta é o gosto do romancista brasileiro pelo *pastiche* de obras clássicas europeias, otimizado com o sentido crítico aguçado e dinamitador. Escrito certamente à época das *Memórias póstumas de Brás Cubas* e publicado em 1882 na coleção *Papéis avulsos,* o conto-pastiche "O segredo do bonzo: Capítulo inédito de Fernão Mendes Pinto" merece atenção e leitura cuidadosa.

A revolucionária ficção machadiana *pasticha, suplementa* e *refuta* — na forma de capítulo de livro escrito por outro autor, texto este dito "inédito" e que, na verdade, o é — uma das mais conhecidas narrativas canônicas europeias, o livro *Peregrinação,* de Fernão Mendes Pinto, publicado postumamente em 1614. A narrativa seiscentista descreve em detalhes cruéis a história da colonização lusitana do Oriente.

Como no romance *A peste*, de Albert Camus, onde se confrontam um padre e um médico à cabeceira da cama de uma criança inocente morta pelo vírus, um padre e um bonzo são postos em cena pelo romancista brasileiro.

Não é por obra do acaso que, naqueles anos, o bom amigo Joaquim Nabuco pesquisa e escreve, na Biblioteca do Museu Britânico, em Londres, o seu ensaio mais ousado, *O abolicionismo* (1883). Machado de Assis, em atitude destemperada e anacrônica, porém contundente, estende ao leitor de ambos um "capítulo inédito" de *Peregrinação*. Uma biblioteca "universal" — não importa se a do Museu Britânico ou se, no Rio de Janeiro, a do Real Gabinete de leitura — é lugar de pesquisa para o ensaio de Nabuco e para a ficção machadiana.

O conto-pastiche "O segredo do bonzo" se apresenta, pois, eficiente instrumento na *desconstrução* da violência sanguinária da *conquista* não só naquela região distante do mundo como, sob a forma de metáfora, no Brasil monárquico, onde ela deixou incrustado o escravismo do povo africano diaspórico. O pastiche machadiano, anterior às ousadias do Modernismo brasileiro, abre na escrita renascentista de *Peregrinação* uma brecha *desconstrutora* que se torna válida para toda e qualquer outra linguagem descritiva, histórica ou ficcional da conquista colonial. Prepara, sensibiliza e abre o leitor de ontem e dos nossos dias para uma compreensão setorizada e ampla dos mecanismos destrutivos das armas militares se e quando em mãos de grupos civilizatórios que se julgam superiores aos demais.

O tema de um Machado de Assis romancista, participante e ativista se impõe por um temerário e complexo texto literário em nada devedor da então dominante estética realista-naturalista. Se feita nos dias de hoje, a leitura do conto-pastiche demonstra como o carioca é contundente no entendimento do modo como a fé e o Império Lusitano, como escreve Luís de Camões em *Os lusíadas*, se inseriram, desde a época das grandes viagens marítimas modernas, no desenvolvimento geográfico, histórico e socioeconômico do planeta.

2

O grande relógio: A que hora o mundo recomeça é o título do longo trabalho que espero desenvolver nos próximos anos com vistas a uma interpretação contrastiva do romancista carioca e do francês. O leitor do ensaio em andamento é convidado a apreciar e comentar, folhetim após folhetim, exemplos de contrastes e outras comparações em nada inocentes, que lhe serão apenas sugeridos ou integralmente oferecidos. Exemplos e comparações serão desenvolvidos sob a forma de *provocações* (é ainda um desafio à matéria em si deste trabalho) em via de mão dupla, ou seja, em atrevimentos e irreverências articulados por uma porta de duas folhas, com dobradiça à direita e outra à esquerda. Em vaivém, a porta permite ao leitor entrar e sair.

O leitor se significa pela aproximação ou pelo distanciamento da literatura francesa moderna (Proust) ou da literatura brasileira de descendência diaspórica africana (Machado). Desde já, peço-lhe a sua atenção para um fato literário. Nem Marcel Proust é o Roger Martin du Gard do *roman-fleuve Les Thibault* nem Machado de Assis é o José de Alencar das "comunidades imaginadas" de que fala o crítico britânico Benedict Anderson.

Controladas por dobradiças laterais, as folhas da porta sempre se abrem (ou se fecham) ao centro a fim de incentivar as comparações ou pô-las em dúvida. O diálogo do nosso leitor será encaminhado menos em direção às duas obras geniais e mais em direção às palavras do ensaio, movimentadas que serão pela porta de duas folhas obedientes a dobradiças à direita e à esquerda.

Em matéria de crítica e de história artística, a *inocência* estética não é o meu forte, repito. Se o leitor acompanhar o movimento simultâneo ou sucessivo das duas folhas, ele terá liberado o acesso aos dois universos literários, o de Machado e o de Proust, bem como terá recebido o convite para *abandonar* de maneira consequente as obras em pauta, para destiná-las a fins ignorados por este ensaísta. O futuro pertence à boa ou à má repercussão do ensaio junto aos leitores. Se for boa a repercussão, ela pode constituir, pelo contraponto da literatura comparada, uma plataforma para a desconstrução de literaturas nacionais, em suplemento à recomendada por Antonio Candido na *Formação da literatura brasileira* (1959).

A porta controlada por dobradiças laterais vale uma metáfora. Ela é semelhante à que herdamos do saloon em filme de faroeste. Ou convivemos lá na rua com o bangue-bangue ou nos confraternizamos criticamente dentro do saloon.

O leitor decide o *ambiente* em que lhe agrada permanecer durante o percurso pelos fragmentos interpretativos oferecidos pelo ensaio. Pode manifestar preferência pelo ar livre dramático dos romances, a incentivar a leitura *canônica tradicional*, ou pelo local fechado da crítica, a propor *descentramentos*, necessariamente interpretativos e de tinturas radicais.

Já se torna óbvio que a leitura que confronta e contrasta as duas grandes obras artísticas tem evidentemente uma *finalidade* teórica ampla e com certeza *questionável*.

O movimento que permite o acesso e o abandono das obras literárias em pauta, ou melhor, o jogo de perde e ganha da *desconstrução*, pretende estabelecer uma metodologia de leitura para os futuros estudos de literatura comparada. No desenrolar do ensaio, a *performance* das respectivas obras artísticas (e de outras) visa a *desconstruir*, ou a grafar entre aspas — como recomenda Jacques Derrida —, a noção *eurocêntrica* de valor *universal*, se aplicada como julgamento à obra literária produzida e difundida na órbita do Ocidente.

No século XXI, qual é a densidade e o sentido artísticos de *valor eurocêntrico universal*?

Da argumentação do ensaísta, devem-se depreender duas conclusões. A primeira diz que a universalidade da obra de Marcel Proust tem sido evidenciada e consolidada na sua *exemplaridade* eurocêntrica. A segunda diz que essa configuração de *universalidade*, já evidenciada e consolidada, repito, deve receber as devidas aspas (deve ser desconstruída) no processo de leitura contrastiva com os romances de Machado de Assis.

A segunda conclusão, por sua vez, deve atestar a favor de outra concepção de *exemplaridade* (ou de *conquista tardia* da exemplaridade) da obra de Machado de Assis. Escritos na periferia do Ocidente, os romances machadianos são, contraditoriamente, universais (sem aspas), vale dizer, *planetariamente* universais.

Ou não o são, se o leitor estiver a fim de menosprezar o ambiente festivo e desconstrutor do saloon e preferir o eterno bangue-bangue das ruas, entre Ocidente e não Ocidente. Em última instância, visa-se à guerra ou à paz.

Já se entende o que devem significar tanto o adjetivo *temerário* como o *questionável* usados anteriormente.

Como valor supremo, a universalidade eurocêntrica foi — e permanece — produto de longas e exaustivas análises estéticas de obras artísticas escritas e publicadas desde o período renascentista, da responsabilidade de historiadores e críticos literários de várias nacionalidades, fundamentados na mesma perspectiva. Desde as grandes viagens marítimas modernas, a Europa vem *ocidentalizando* (já é aceito como falso o verbo *descobrir*) à força o Novo Mundo e o restante do planeta. Tem sido válido um corolário derivado do enunciado anterior. Ele diz que tanto mais a *ocupação* do planeta pelo Ocidente cresce tanto mais recua a sua *hegemonia* mundial. Que a China se manifeste ou não no século XXI. A repetição infindável de conflitos bélicos e de guerras ganha o seu sentido pelo êxito e pelo fracasso da ocidentalização, ou da americanização, nos dias de hoje. Na obra do oitocentista Machado de Assis, já há excelentes exemplos de resistência, ou seja, de movimentos vitoriosos a contrapelo.

O século XVIII, no Brasil em particular, assinala o momento crucial da ocidentalização. Ao mesmo tempo em que a colônia lusitana acata o Ocidente, ela alenta o entusiasmo crescente pela emancipação da metrópole com vistas à conquista da cidadania brasileira. Durante o longo período colonial, o Estado a ser nacionalizado em 1822 por decisão de d. Pedro I passa por desastrosas injustiças e definitivas imprudências civilizatórias, cujas marcas só serão apontadas e estarão *visíveis* nos movimentos de resistência de finais do século XX e princípio do XXI — as atuais resistências feminista, étnica, linguística, religiosa e de gênero (*gender*).

Depois que a colônia lusitana se emancipa, o cidadão brasileiro é tomado por um entusiasmo *centrado* na ocidentalização, que dispensa e rejeita a *diversidade* expressa pelas variadas formas de rebeldia em ação no período colonial, se e quando compreendidas pelos setores que foram elencados acima. De bom grado, o jovem cidadão brasileiro, letrado ou não, acata a rua de mão única da ocidentalização e passa a caminhar só por ela. As instituições culturais *brasileiras* (o adjetivo já se impõe a todas e todos) terão a sua responsabilidade no *centramento* único das diversas formas setorizadas de rebeldia por uniformização, pela perspectiva do patriarcado branco, em língua portuguesa, de religião católica etc.

Se levarmos em consideração a prodigalidade do atual acervo livresco e literário de que dispomos, a ultrapassar os 500 anos de produção, o objeto duplo em análise — a obra literária de Machado e a de Proust — é apenas uma amostra mínima e ínfima da soma total. Talvez seja por isso que, ao descosturar uma rica e imperiosa bibliografia que estabelece o *cânone literário* da perspectiva eurocêntrica, a visada teórica e crítica desta leitura desconstrutora tenha de ser *radical*, embora esteja sendo colorida com tons *utópicos*.

Dos pontos de vista teórico e crítico, *O grande relógio* visa a abalar três dos pressupostos clássicos da literatura comparada — influência, cópia e originalidade — que se ergueram, em aparente neutralidade, como uma das mais violentas, sutis e populares *forças de convencimento* do imperativo eurocêntrico a dominar o planeta.

Se houver alguma serventia para a visada radical apresentada, ela terá de ser aceita como *matricial*. O diabo se esconde sempre nos detalhes. E é por um detalhe, o conto-pastiche de Machado de Assis, que este ensaio se orgulha da intenção de desconstruir as "boas intenções" civilizatórias do Ocidente. No estágio atual da humanidade, o maligno, em polvorosa belicista, se deixa enxergar menos pelas grandes paisagens panorâmicas representadas em telas de cinema Imax e mais pelo lado excludente e exemplar do plano americano aliado ao close-up a focar uma região ou a Faixa de Gaza. Se a nossa atenção for atenta aos detalhes diabólicos, ganhamos a certeza de que escapamos dos discursos de fácil consumo, meramente ruidosos e alarmistas, muitas vezes apocalípticos, sempre produzidos em larga escala e escritos em tom de pseudoconivência democrática.

Se viver é perigoso, mais perigoso é desconstruir.

Não acredito ser leviano ao insistir na pouca consideração dada pelos europeus e pelos não europeus ocidentalizados à excepcionalidade da literatura do Novo Mundo escrita em língua portuguesa. A exemplo dos surrealistas liderados por André Breton, quero expandir o circuito fechado das comunicações entre o Norte e o Sul do planeta pela análise de líquidos de densidade diferente em "vasos comunicantes". Por razões espaciotemporais, socioeconômicas, hoje pós-coloniais, a densidade diferente tem sido a razão para o estabelecimento de uma *hierarquia* inquestionável e, por isso, absoluta, que se alicerça nas três noções vitoriosas de convencimento anteriormente mencionadas: influência, cópia e originalidade.

3

A epígrafe que orienta este esboço de um livro em fragmentos é assinada por Antoine Compagnon. Ele é o último em data dos bons leitores e editores da obra de Marcel Proust e, entre 2006 e 2020, quando se aposentou, foi titular da cadeira "literatura francesa moderna e contemporânea" no prestigioso Collège de France, em Paris.

A sua epígrafe, alerto, não justifica o contraste na aproximação de Marcel Proust a Machado de Assis. Merecidamente em destaque, o especialista em Proust destaca e comenta um delicioso e precioso *achado retórico e narrativo* numa das obras em pauta, o clássico *À la Recherche du temps perdu*.

Ao subscrever esse achado, sinto-me instigado a *amplificar* o significado restrito para torná-lo ilimitadamente mais rentável se desenvolvido teoricamente dentro de duas poéticas da prosa de ficção que, na modernidade, estão à disposição dos romancistas analisados. Refiro-me à tradição nitidamente francesa do récit [narrativa em primeira pessoa, em português] e a tradição britânica da *novel* [romance, em português], respectivamente.[2]

Na amplificação do achado, a observação crítica do especialista francês será primeiro *transportada* do universo proustiano para a prosa literária de Machado de Assis. Em seguida, já na condição de elemento desconstrutor da tradição em dois dos mais importantes gêneros literários (o récit e a *novel*, repito), a observação será *transformada* no propulsor de discussões atuais, numa nova metodologia da literatura comparada.

(Devo confessar, ainda que discretamente, que sou sempre admirador dos formalistas russos do início do século XX. Foram eles que propuseram o conceito de *ostranenie* [estranhamento]. Cito Viktor Chklóvski: "A finalidade da arte é dar uma sensação do objeto como visão e não como reconhecimento: o processo da arte é o processo de singularização [*ostranenie*] dos objetos e o processo que consiste

---

2   A crítica em nossos dias prioriza a noção ampla de texto. Nesta análise, somos obrigados a discriminar diferenças de gênero literário, de acordo com a tradição nacional. Daí o uso dos estrangeirismos "récit" e "*novel*" para as narrativas de tradição francesa e britânica, respectivamente. Cada termo será devidamente esclarecido ao leitor.

em obscurecer a forma, em aumentar a dificuldade e a duração da percepção. O ato de percepção em arte é um fim em si e deve ser prolongado; a arte é um meio de sentir o devir do objeto, aquilo que já se 'tornou' [já é tradição] não interessa à arte".[3])

Em suma, focalizo primeiro um *detalhe* (no *roman-fleuve* proustiano) e, em seguida, o aproprio com *gusto* em análise literária contrastiva. Na amplificação pela transformação, o detalhe retórico se apresenta como chave-mestra ("passe-partout", dizem em francês) a abrir a metodologia da desconstrução da literatura comparada eurocêntrica, tendo como exemplo a obra de Machado de Assis. Um detalhe na obra canônica europeia reabre a obra periférica de Machado e, de sobra, ordena e justifica o nosso ensaísmo *experimental* sobre a densidade e o sentido de *valor estético universal*, a que as duas grandes contribuições romanescas aspiram se aproximadas e contrastadas em vasos comunicantes.

A proposta de leitura contrastiva de Machado e de Marcel se legitima, pois, por uma *centelha* acesa pelo próprio Proust em atitude de transgressão à retórica e à lógica subjetivas da narrativa, elaboradas e legitimadas na França pela prática várias vezes centenária do gênero récit.

Desde os anos 1950, o êxito literário do récit seiscentista francês pode ser atestado pelos principais romances de Albert Camus, Patrick Modiano e Annie Ernaux. Os três foram ganhadores do prêmio Nobel de Literatura em 1957, 2014 e 2022, respectivamente. Desde 1901, a estrada para a consa-

---

3 Viktor Chklóvski, "A arte como procedimento". In: _____ et al. *Teoria da literatura: Formalistas russos*. Trad. de Ana Mariza Ribeiro et al. Porto Alegre: Globo, 1978, p. 45.

gração universal em literatura eurocêntrica vem sendo pavimentada pelas boas intenções canônicas do prêmio sueco. De sete em sete anos, um autor de récit recebe o troféu.

Já na primeira frase de *À la Recherche du temps perdu*, o texto se fabrica em total obediência às regras retóricas tal como disciplinadas para o récit desde 1678, data da publicação de *La Princesse de Clèves*, da autoria de Madame de La Fayette (1634–1693). Marcel Proust *não planeja* para o seu longo romance — anota Compagnon — a transgressão à retórica e à lógica do récit. Ela simplesmente acontece no segundo capítulo do primeiro tomo e subverte a poética tradicional adotada. Não mais que de repente, o narrador em primeira pessoa se cala e discretamente entrega a fala do segundo capítulo do primeiro tomo a um não programado *Ele* (terceira pessoa do singular).

Outro que não o Eu de Marcel, um Ele, de nome Charles Swann, é quem vai narrar todo o segundo capítulo do primeiro tomo de *À la Recherche du temps perdu*.

Já na época, Henri Ghéon, amigo de André Gide e autor de resenhas na *Nouvelle Revue Française*, bufa de ódio e alerta para o desrespeito proustiano pela lógica dos gêneros literários e da retorica narrativa:

> Quem fala [quem narra no récit de Proust] ora tem sete anos, ora 15, ora 30. Mistura os acontecimentos e as idades. Sua lógica não é a nossa, não é! Também seu livro não é um romance [*novel*] nem um récit nem mesmo uma confissão.

Na vaga aberta pelo silêncio do Eu, um narrador em terceira pessoa se intromete abruptamente e passa a se responsabilizar por "um episódio estranho", cito Compagnon, no interior da narrativa que prometia ser obediente às reminiscências de vida do menino Marcel. Prometia ser um récit e vira *novel*. Para Ghéon, inflexível guardião da tradição do récit, *No caminho de Swann*[4] não é récit nem romance. E, evidentemente, não guarda a forma de uma confissão.

O longo projeto romanesco de Proust ganhou o direito de poder se desenfadar, em evidente *transgressão* à tradição literária francesa, com uma "aventura ocorrida no passado, em tempos anteriores ao nascimento do herói" proustiano, como assinala Compagnon.

Do ponto de vista do planejamento da obra e da sua lógica narrativa, o narrador/protagonista Charles Swann está lá dentro do primeiro tomo de *À la Recherche du temps perdu*, mas deveria estar para sempre no lado de fora. E mais. Charles não teria existido como narrador/personagem se a retórica e a lógica do récit proustiano tivessem permanecido obedientes à tradição do *gênero* narrativo tipicamente francês.

O achado de Compagnon resgata o valor de uma bizarrice genial de *À la Recherche du temps perdu*. A "aventura

---

[4] A abordagem analítica e crítica, ora em desenvolvimento, não é tão irreverente quanto possa parecer ao leitor brasileiro. Em 1929, Gaston Gallimard lança pela primeira vez as *Obras completas* de Marcel Proust e decide publicar, nas edições da *Nouvelle Revue Française*, uma edição *em separado* do longo segundo capítulo do primeiro tomo. O pequeno volume, intitulado *Un Amour de Swann*, garante a própria autonomia e ganha as honras de homenagem póstuma, ao reproduzir uma litografia d'André Dunoyer de Segonzac, o rosto de Proust no leito de morte. A imagem se tornará famosa e pode ser apreciada na internet. No correr das décadas, essa edição especial do capítulo se reproduz e sob várias formas. Antes da edição integral de *À la Recherche du temps perdu*, ganhará a condição de *livre de poche* (livro de bolso). Para ver a obra de Segonzac: <https://www.musee-orsay.fr/fr/oeuvres/marcel-proust-sur-son-lit-de-mort-201191>. Acesso em: 25 jun. 2024.

ocorrida no passado, anterior ao nascimento do herói" da *Recherche* teria sido assunto, se lembrada sob a forma de flashback pelo Eu narrador, para me referir aos princípios da montagem cinematográfica. O flashback interromperia o fluxo espaciotemporal do récit com a intenção de apresentar ao leitor uma figura humana alheia ao universo estreito e subjetivo do narrador enquanto menino.

De ordem subjetiva, a lógica espaçotemporal canônica do récit foi definitivamente abalada pelo encaixe de uma peça *sobressalente* ao relato.

O segundo capítulo do primeiro tomo, "*Un Amour de Swann*", constitui uma *brecha* espaciotemporal singular, indiscutível e sui generis na narrativa de récit, que por volta de 1912 já causaria sérios problemas materiais e concretos ao romancista estreante. Ter abalado a lógica do récit resulta num abalo consequente das boas relações que Marcel Proust mantém com a Gallimard, editora responsável pela publicação da revista *Nouvelle Revue Française*.

Por razões que serão salientadas adiante, a Gallimard se recusou a publicar os originais do primeiro romance de Marcel Proust. A editora Grasset foi a responsável pela primeira edição.[5]

Uma vez mais, a epígrafe tirada de Compagnon me recompensará. Dá-me o direito de destacar e de isolar um "livro" solto, relativamente curto (trata-se, repito, do longo segundo

---

[5] Sem abordar as considerações de gênero e de retórica que estão sendo levantadas, o blog "Questões manuscritas", que Pedro Corrêa do Lago assinava na revista *piauí*, publicou, em outubro de 2011, o artigo "O elo perdido de Proust". Nele há um bom resumo das motivações já assentadas que justificam a edição do primeiro tomo pela Grasset.

capítulo de *Du Côté de chez Swann*), acomodado *dentro* dos quatro grossos volumes em papel-bíblia, hoje publicados na prestigiosa coleção Bibliothèque de la Pléiade. Tendo em mente o *cadeau* complementar, proponho-me a analisar o "livro-dentro-do-livro" de Proust em contraste com um romance, *Dom Casmurro*, de Machado de Assis, que lhe é cronologicamente anterior e escrito em jovem nação republicana das Américas, liberada recentemente do regime monárquico-escravocrata.

Somarei o achado retórico de Compagnon, leitor nosso contemporâneo, às minhas próprias anotações críticas sobre uma novidade transgressora semelhante que detectei na obra do romancista brasileiro. A abordagem contrastiva, já dissemos, terá como finalidade desconstruir a noção de *valor universal,* tal como proposta pelo cânone em história da literatura comparada *eurocêntrica*. Nossa argumentação teórica e analítica será, pois, tão lúdica quanto o jogo de aprovação-e-menosprezo que se dá no modus operandi da porta de saloon. A argumentação será evidenciada por uma noção histórico-filosófica também lúdica — a transubstanciação dos valores, segundo o filósofo Friedrich Nietzsche.

A transubstanciação dos valores só se desenrola de modo concreto *se* o fenômeno acontecer em ocasião inoportuna ou imprópria, de maneira súbita e imprevista. A utilidade do fenômeno se soma à impropriedade e ao acaso.

Refiro-me à noção nietzschiana de *intempestividade*.

No fundo, trata-se de uma petulante e possivelmente ingrata metodologia de leitura teórica e crítica. Por isso é que ela e eu ficamos à espera de merecer — sob o guarda-chuva do ilustre professor do Collège de France e do genial filósofo alemão — o aval dos leitores e admiradores de Machado e de Marcel. Ao leitor das grandes obras literárias ocidentais é que entrego este livro-em-folhetins que, devido à idade avançada do crítico, será escrito sob a forma de uma série de *fragmentos*.

O fragmento não é mais novidade nestes nossos tempos de leitores apressados e vorazes — e de velhos e novos escritores apreensivos com a iminência do desaparecimento da nossa atividade artesanal. Desde Stendhal, Nietzsche e Machado, o *leitor* — tal como conformado no interior da galáxia de Gutenberg — é o insuspeito "senão" do livro.[6] Ele é o único problema do objeto/mercadoria à venda em livrarias, já que os demais problemas, internos à obra, são negociados pelo bom artesão até que ela chegue a uma *forma* cada vez mais original e, até nos propalados defeitos, impecável.

Quem sabe se um ensaio carente de forma inteiriça, fragmentado por desígnio do autor, não irá satisfazer o apetite do leitor pós-moderno, na verdade um aprendiz em semiologia?

4

Saio, pois, em busca de resposta à pergunta "a que hora o mundo recomeça?". Inicialmente, ampliei a tarefa de *desconstrução* da história *eurocêntrica* da literatura comparada iniciada em 1971, quando escrevi e li em simpósio, na Universidade de Montreal, o ensaio "O entre-lugar do discurso latino-americano", hoje em *Uma literatura nos trópicos*.[7] Agora, exercito-me em análise contrastiva de obras literárias brasileira e francesa.

---

6 Ver *Memórias póstumas de Brás Cubas*, capítulo 71, "O senão do livro".
7 Cf. *Uma literatura nos trópicos*. Recife: Cepe, 2019, pp. 9–30.

Já em 1971, eu questionava três noções dominantes na disciplina eurocêntrica. Enumero-as. Na sua condição de colonizadora do Novo Mundo e, posteriormente, com a responsabilidade de ocidentalizar culturalmente o planeta, a literatura europeia é, primeiro, a responsável pela *influência* tirânica e inquestionável na formação das várias e numerosas literaturas nacionais periféricas. Todas se apresentam fundamentalmente como *cópia* (em particular do ponto de vista da *forma*) da literatura dada como parte da metropolitana. Existem em contrato de submissão apriorístico; em segunda mão. A forma das obras literárias produzidas fora do centro do Ocidente só se sustenta por conteúdo novo, pela *intromissão* de aspectos da *wilderness* prevalente na periferia, como os tenho configurado da perspectiva de uma genealogia da ferocidade.[8] A *originalidade absoluta* da obra literária é qualidade pertencente à literatura metropolitana e/ou hegemônica.

Influência, cópia e originalidade, em suma.

Caso o suporte ou o pressuposto teórico da análise em literatura comparada sejam os ponteiros do "pequeno relógio" do eurocentrismo, os três conceitos sempre adquirem significado auspicioso e nefasto. Vale dizer: justificam a *ausência absoluta* de uma obra literária periférica no cânone ocidental.

O fuso horário de Greenwich, localizado no parque de mesmo nome, em Londres, informa sobre o atraso — teria sido uma entrada digna do *Manifesto antropófago*, de Oswald de Andrade.

Que não se busque aqui um único *sentido* histórico-cronológico de compreensão da literatura europeia nas suas ge-

---

8 Silviano Santiago, *Genealogia da ferocidade: Ensaio sobre Grande sertão: veredas*. Recife: Cepe, 2017.

nerosas, civilizatórias e objetivas ramificações, que são, pelo sentido da colonização e pela busca da hegemonia, desconcertantes.

A porta é de vaivém, insisto.

Para melhor compreender o desenvolvimento cadenciado das ideias culturais e estéticas que estendem e prolongam o domínio do Ocidente, complexificando este e aquelas, recorro à noção de "intempestividade" tal como elaborada e aprofundada por Friedrich Nietzsche na *Consideração intempestiva sobre a utilidade e os inconvenientes da história para a vida* (1874).[9] Com ela sustento o principal objetivo teórico de *O grande relógio*.

Cito o filósofo:

> A serenidade, a boa consciência, a atividade alegre, a confiança no futuro — tudo isso depende, num indivíduo, assim como num povo, da existência de uma *linha de demarcação* entre o que é claro e bem visível e o que é obscuro e impenetrável, [também depende] da *faculdade tanto de esquecer quanto de lembrar no momento oportuno* [e depende finalmente] da faculdade de *sentir com um poderoso*

---

9 Lembro que a consideração sobre o *intempestivo* pelo filósofo alemão parte de — é ele quem a explicita — uma citação de Goethe, extraída de carta dele a Schiller datada de 1798: "Além disso, odeio tudo aquilo que somente me instrui sem aumentar e estimular diretamente a minha atividade". A atividade intelectual torna-se intempestiva no momento e no lugar em que transgride a fronteira que demarca "o que é claro e bem visível e o que é obscuro e impenetrável". No tempo e no lugar dessa fronteira está também o "*undiscovered country*" a que se refere Hamlet e que "estimula diretamente" o narrador/protagonista do romance *Memórias póstumas de Brás Cubas*, de 1881.

instinto quando é necessário ver as coisas sob o ângulo histórico, e quando não. Este é exatamente o princípio sobre o qual o leitor é convocado a refletir: *o elemento histórico e o elemento a-histórico são quase igualmente necessários à saúde de um indivíduo, de um povo, de uma cultura.*[10]

Consumo, pois, um ato de leitura acronológico, sem linha de demarcação histórica saliente e de finalidade multivalente. Na escolha dos objetos em jogo na arte e na vida, o ato de leitura é (só) aparentemente arbitrário. Estão apenas distanciados no tempo e no espaço da história moderna do Ocidente e são heterogêneos.

O romance *Dom Casmurro* deverá ser alçado, em pequeno, à condição de clássico universal, à semelhança da já concedida e hoje reconfirmada, em *grandioso*, obra-prima de Marcel Proust.

A saúde de um indivíduo, de um povo e de uma cultura, a verdadeira vida, a verdadeira salvação está na intempestividade da arte. O leitor deste ensaio é convidado a refletir sobre a existência de uma *linha de demarcação* entre o que é claro e bem visível e o que é obscuro e impenetrável, sobre a *faculdade tanto de esquecer quanto de lembrar* no momento oportuno e de *sentir com um poderoso instinto* quando é necessário ver as coisas sob o ângulo histórico e quando não.

Uma porta de vaivém se abre para um ambiente que se abre por outra porta de vaivém.

---

10 Cf. Friedrich Nietzsche, *Escritos sobre história*. Tradução, apresentação e notas de Noeli Correia de Melo Sobrinho. Rio de Janeiro: Editora PUC-Rio; São Paulo: Loyola, 2005.

5

Machado de Assis, quando assume a escrita do romance *Dom Casmurro*, toma também decisões importantes em relação à *caracterização* do próximo narrador. Antes de mais, descarta o projeto que tem em mente. Decide não escrever — ou, como dirá na última frase do romance, *adia* a escrita de — uma "História dos subúrbios" cariocas.

Machado abre um *buraco* para que a escrita ficcional, de romance, venha a ocupá-lo. Ao descartar o relato sobre a região suburbana da capital federal, rejeita também a caracterização de narrador pela escrita com forte inspiração em narrativas descritivas da realidade urbana, escritas em terceira pessoa, objetivas, com ordenação cronológica e pretensão científica. A história dos subúrbios, se escrita antes do romance, teria sido testemunha da "vida como ela foi e é" em comunidades populares cariocas.

Caso tivesse escrito uma "História dos subúrbios" ao fechar o século XIX, Machado teria trabalhado tema e estilo que não estariam distantes dos romances naturalistas do francês Émile Zola e, em contexto brasileiro, dos de Aluísio Azevedo, para salientar apenas dois escritores com *ações* então em alta na bolsa de valores da literatura.

Atente-se para o fato de que a vaga aberta por Machado será realisticamente ocupada em 1915 por outro escritor descendente da diáspora africana escravizada. Refiro-me a Lima Barreto (1881–1922), autor do romance *Triste fim de Policarpo Quaresma*. Para servir de ilustração, dele retiro agora um parágrafo com o desejo evidente de complementá-lo em futuras intervenções nos nossos argumentos. Por enquanto, que o leitor contraste as *ocupações* de buraco ficcional suburbano por *Dom Casmurro* e por *Triste fim de Policarpo Qua-*

resma, direcionando-as por estas duas deliciosas expressões, "a alta sociedade suburbana" e "a aristocracia suburbana":

> Dessa maneira, Ricardo Coração dos Outros [amigo de Policarpo, artista e professor de violão] gozava da estima geral da alta sociedade suburbana. É uma alta sociedade muito especial e que só é alta nos subúrbios. Compõe-se em geral de funcionários públicos, de pequenos negociantes, de médicos com alguma clínica, de tenentes de diferentes milícias, nata essa que impa pelas ruas esburacadas daquelas distantes regiões, assim como nas festas e nos bailes, com mais força que a burguesia de Petrópolis e Botafogo. Isto é só lá, nos bailes, nas festas e nas ruas, onde se algum dos seus representantes vê um tipo mais ou menos, olha-o da cabeça aos pés, demoradamente, assim como quem diz: aparece lá em casa que te dou um prato de comida. Porque o orgulho da aristocracia suburbana está em ter todo dia jantar e almoço, muito feijão, muita carne-seca, muito ensopado — aí, julga ela, é que está a pedra de toque da nobreza, da alta linha, da distinção.

Cabe a Machado de Assis descartar a história dos subúrbios planejada a fim de favorecer e oferecer ao leitor uma escrita em primeira pessoa, ensimesmada, cujo narrador/protagonista *sairia em busca do tempo perdido*, mas fora da região urbana onde tinha passado toda a vida. Em lugar de assumir uma narrativa realista-naturalista, em terceira pessoa, a configurar um relato histórico sobre o subúrbio carioca (a não ser confundido com a favela, nos morros) da perspectiva da história da urbanização na *wilderness* brasileira, para por meio dela compreender a constituição de comunidades populares autossuficientes, honestas e altaneiras, o romancista opta por relatar as reminiscências de um velho patriarca de profissão liberal que se desencaixa do seu passado, acusa a esposa de adúltera e vai passar os últimos dias da vida fora do seu hábitat, no subúrbio.

Machado elege como narrador/protagonista do novo projeto uma figura de destaque na sociedade carioca, o dr. Bento Santiago. É um ex-seminarista e advogado de profissão, nascido no bairro da Lapa e morador da Glória, casado em primeiras núpcias com a vizinha Capitu e pai de um filho. Seu grande amigo e conselheiro nas reminiscências não será o bonachão Ricardo Coração dos Outros, mas um agregado da família, o espertalhão José Dias, chegado às lapalissadas e aos superlativos.

Por efeito de mediação estapafúrdia é que o foco do novo romance machadiano pode se voltar para os subúrbios cariocas, aliás, para o primeiro deles, o Engenho Novo. No fundo da vaga aberta pelo adiamento da "história dos subúrbios" alteia solitária no subúrbio Engenho Novo a *reprodução* — em igual — da casa da sua mãe, dona Glória, na rua Matacavalos, na Lapa, bairro típico da burguesia aristocratizante carioca.

A residência da mãe, na Lapa, e o então enamorado da jovem Capitu se *deslocam* tais e quais para o Engenho Novo a fim de que a palavra da reminiscência seja concedida ao dom Casmurro.

A *reprodução* (da casa e dos seus moradores) perde também uma dupla e significativa *referência* humana e topográfica. A casa não é mais a "do" bairro da Lapa, tampouco é a "da" dona Glória, mãe de Bentinho. Ela é a reprodução da casa materna, embora não seja a da casa em que viveu o casal Bento e Capitu.

Salta uma curiosidade. Por que o *projeto* das reminiscências na narrativa sobre o "tempo perdido" pelo viúvo Bento

Santiago se faz concreto, se torna factível, na *cópia* de uma casa burguesa "no" subúrbio do Engenho Novo? Eis um dos enigmas do romance *Dom Casmurro*. (As aspas e o grifo reforçam o sentido a ser dado a tudo que é original e tudo que não o é, a tudo que é cópia e não o é.)

No universo romanesco, tudo o que é concreto se manifesta por um semblante que é verdadeiro e é falso.

No plano geral do projeto de romance, a *inadequação* (do lugar e da casa, do narrador/protagonista em relação ao lugar e à casa) talvez seja a figura simbólica mais forte em leitura. Por ela são postas em questão a *autenticidade* do lugar da ação (bairro e subúrbio), da casa (a da Lapa e a do Engenho Novo) e do morador (Bentinho e Dom Casmurro).

Nada se adéqua à *artificialidade* de cópia, uma complexa construção *deslocada* do lugar original.

Pergunta-se se seriam verdadeiras as reminiscências em livro do narrador/protagonista ou se não estariam elas escapando por entre as frestas da narrativa inquestionavelmente voluntariosa e, por isso, de valor necessariamente dúbio. Pergunta-se se o *cenário* do Engenho Novo, onde se planta a *cópia conforme* da casa da Lapa, já não guarda em si a mera repetição, plena e esvaziada de sentido, do real e dos fatos, em independência do relato que expressaria a verdade. Nesse cenário, inadequadamente adequado, repito, é que se funda a "retórica da verossimilhança" a que temos nos referido desde os anos 1960, relacionando o fundamento argumentativo do ex-seminarista e advogado Bento Santiago às *Provinciais*, de Blaise Pascal, e ao *Fedro*, de Platão.[11]

---

11 Cf. o ensaio "Retórica da verossimilhança", em *Uma literatura nos trópicos*, pp. 31–53.

No futuro romance *Dom Casmurro*, o subúrbio é *menos* a região das comunidades populares, descritas à perfeição por Lima Barreto em 1915, e *mais* um lugar propício à arquitetura da confissão de um patriarca frustrado com o fim de negar a si qualquer culpabilidade. O subúrbio do Engenho Novo se apresenta como uma espécie de *retiro* (para o recolhimento e a meditação) de um *brasuca* (a escolha do termo pejorativo ao Norte se tornará mais e mais convincente se atribuído ao romancista do Sul) que não gostaria de se ter na conta de "vencido da vida" socialmente, embora o seja.[12]

Graças a um estranho viés gestado em prosa de ficção escrita por um descendente do povo africano escravizado a viver num Estado americano recém-emancipado, ainda governado pela aristocracia luso-brasileira escravocrata, o leitor do romance *Dom Casmurro* revisita — no subúrbio — a sociedade pequeno-burguesa carioca, lusitana de origem e, por efeito da colonização, transplantada como tal para os trópicos, como uma exceção as famílias de escravizados.

A história dos subúrbios cariocas começa, em romance de Machado de Assis, pela *inadequação* ao eurocentrismo da atual história da capital federal do Estado nacional, sob a família Bragança. Ou seja, ela se apresenta ao leitor tal como é administrada por um dom Casmurro. Naquela casa no subúrbio, uma cópia de casa da Lapa, mora o advogado Bento Santiago. Na casa no perímetro urbano, em chalé alugado à condessa de S. Mamede, vive o escritor Machado de Assis.

Dom Casmurro e Machado de Assis serão dois brasucas "vencidos da vida", não em libações no Café Tavares lisboeta,

---

[12] De repente, a lista de protagonistas machadianos "vencidos da vida" se enriquece. A Dom Casmurro se somam Brás Cubas e Quincas Borba.

mas na triste rotina de "uma alta sociedade muito especial e que só é alta nos subúrbios" (Lima Barreto). Ou, mais apropriadamente, nos subúrbios de Lisboa, que ficam bem ao sul da Europa, "subúrbios" aos quais os franceses emprestam nomes bem realistas como DOM (*Domaines d'outre mer*) e TOM (*Territoires d'outre-mer*). Bento Santiago é adequadamente Dom num DOM. A alta sociedade a que pertence só é alta no Engenho Novo.

Seriam muitas as análises da *inadequação* da casa da Glória e do seu antigo morador no subúrbio carioca; a mais evidente delas ressalta contaminações dramáticas misteriosas e fascinantes, sempre um tanto esdrúxulas, próprias ao universo machadiano, marchetado por desconcertantes e surpreendentes detalhes.

A figura do *deslocamento*, associada a da *inadequação*, permite que, uma vez mais, o impiedoso e sorridente ceticismo machadiano não se ajuste aos locais de reunião apropriados pelos artistas e intelectuais portugueses pertencentes à geração de 1870 — o Café Tavares (localizado no elegante Chiado) e o Hotel Bragança (onde, no final do século XIX, se hospedou o rei Chulalongkorn, do Sião).[13] Deslocamento e inadequação são forças-mestras que estão sempre a anunciar o *fracasso* de um pacto civilizatório conformista.

---

13 O inadequado do inadequado do inadequado. Uma vez mais se impõe uma referência a Carlos Drummond e ao seu poema sobre o rei do Sião. A própria situação *inadequada* do poeta ("*gauche*" é a palavra que o autodefine) na árvore genealógica da família mineira patriarcal é explicada pela grafia de vida do rei do Sião: "O filho que desejava, a Ásia não deu,/ e seu desejo de um filho era maior/ que a Ásia". Maior que Minas Gerais. Leia-se em seguida o poema "Ser": "O filho que não fiz/ hoje seria homem./ Ele corre na brisa,/ sem carne, sem nome".

Segundo as palavras do ilustre historiador Oliveira Martins, os "vencidos da vida" tinham renunciado às aspirações da juventude — mas viviam à tripa forra, alguém acrescentaria. Eça de Queirós fez parte dessa geração.[14]

Ao reproduzir o morador adolescente da Lapa, sob as ordens de mamãe, em velho viúvo no subúrbio, ao reassentar no Engenho Novo a casa da juventude na rua de Matacavalos, ao reassentar na estética realista-naturalista o relato das reminiscências de um vencido da vida, ou seja, ao abandonar o foco direcionado à região onde vivem as classes populares urbanas e recentrá-lo na reprodução duma *residência inadequada no mapa da expansão universal da capital federal do Brasil*, Machado de Assis inaugura coincidentemente na literatura brasileira periférica a presença de um cidadão pertencente à alta burguesia carioca que teve uma experiência de vida singular, própria e, ao mesmo tempo, imprópria ao etos da classe social a que pertence por mérito próprio.

Própria e imprópria, sua experiência de vida é singular e é plural, é nacional e é eurocêntrica, e ainda é desconstrutora do centramento lusitano e é planetária.

Pela inadequação do protagonista brasileiro à classe a que se diz pertencer, Bento Santiago encarna o seu não pertencimento. Pela inadequação da sociedade brasileira ao Ocidente a que se diz pertencer, ela significa o seu não pertencimento.

---

14 Lego ao leitor que ama decifrar enigmas esta frase sobre Eça do argentino Jorge Luis Borges. Refere-se, indiretamente, ao ano em que Machado publica *Dom Casmurro*: "No ano final do século XIX morreram em Paris dois homens de gênio, Eça de Queirós e Oscar Wilde. Que eu saiba nunca se cruzaram, mas teriam se entendido admiravelmente".

Esses constantes processos de *desterritorialização* são autenticamente machadianos e se explicam, formalmente, pelo domínio adquirido pelo romancista sobre uma estética tal como desenvolvida pelo récit francês (em primeira pessoa) ou pelo romance vitoriano (introspectivo). Nunca pela escrita realista-naturalista, tal como disciplinada por Émile Zola ou Eça de Queirós.

Só uma subjetividade elevada à enésima potência do absurdo pode dar conta do viver cidadão de um descendente dos povos africanos escravizados no Brasil emancipado do século XIX.

Semelhante ao Bento Santiago, que tinha esquecido a história dos subúrbios e decidido por tema subjetivo, comprometendo-se a escrever em primeira pessoa, Marcel Proust afirma, em carta de fevereiro de 1913 endereçada ao amigo René Blum, ter finalmente chegado à principal característica do narrador do seu primeiro projeto propriamente artístico. Cito uma frase da carta:

Há um senhor que narra e que diz: Eu.[15]

Parto para a análise contrastiva de uma decisão formal dos dois romancistas, (aparentemente) rotineira. Machado de Assis e Marcel Proust *decidem* que devem assinar um contrato retórico, e previamente o assinam, em que atestam ser o *Eu* do narrador/protagonista a pessoa ficcional responsável pela narrativa. No entanto, a atenção do nosso leitor não será direcionada à última decisão deles, mas ao que nela comporta de *transgressão* ao contrato assinado. Ou seja, em cima de um antigo contrato é assinado um diferente e con-

---

15 *"Il y a un monsieur qui raconte et qui dit: Je."*

traditório contrato. O jogo analítico aqui desenvolvido se fundamenta num *detalhe* que cintila em virtude de *rescisão* contratual. O cintilante do detalhe não é decorrente de obediência estrita a uma decisão, insisto.

Nos vasos comunicantes dos surrealistas se misturam dois líquidos de densidades diferentes. Há, portanto, zelos retóricos e contextualizações históricas numa e na outra ficção que devem ser bem considerados em análise porque derivam de respectivas assinaturas contratuais, antigas e novas, comunicadas em escrita literária aos eventuais leitores.

O Ele, Charles, que toma a palavra no récit do eu, de Marcel, e o Eu, Bento, que toma a palavra no relato em terceira pessoa do romance burguês europeu. As respectivas transgressões os aliam ao passado e os alinham no presente por sucessivos atos de *descentramento* de um projeto dado como *referência* e rejeitado, passageiramente em Proust, definitivamente em Machado.

Os novos projetos literários de Proust e de Machado se concretizam em contraste *interno* a uma obra em execução (o segundo capítulo do primeiro tomo rechaça a proposta inicial da *Recherche* proustiana e a abala) ou em contraste *externo* (as reminiscências machadianas em *Dom Casmurro* rechaçam a retórica do romance burguês europeu então dominante).

Zelos retóricos e contextualizações históricas, insisto mais, são previamente assumidos pelos respectivos escritores no momento em que caracterizam seu narrador como sujeito e protagonista no futuro trabalho literário.

Há no projeto de Proust um senhor que diz Ele, Charles Swann, em desobediência ao récit confessional francês. Há no projeto de Machado um sujeito que diz Eu, Bento Santiago, em desobediência ao romance europeu e burguês, em que o sujeito que narra diz Ele.

Ainda que sucintamente, abandono a perspectiva do *estilo* para anunciar um dos temas, o *ciúme*, assunto comum das obras em contraste. Em ambas as obras, ele é naturalmente masculino e patriarcal.

Em Proust, se dá primeiro de forma *retrospectiva* e lembra a função do flashback num filme. Sua *gênese* se dá em outro narrador, Charles Swann, um senhor pertencente à geração do pai de Marcel, e se grafa em "episódio estranho".

Em Machado, se dá de forma *prospectiva* e lembra a função de escrita política e visionária (o marido, Bento, é um homem letrado e culto; não tem, pois, como referência os dois maridos *idiotas*, dramatizados, respectivamente, por Gustave Flaubert em *Madame Bovary*, Charles, e por Eça de Queirós em *O primo Basílio*, Jorge).

O ciúme tende a ser conivente com a sensibilidade homoerótica em Proust. Em Machado, tende a ser crítico ao patriarcalismo dominante na sociedade monárquico-escravocrata brasileira, tal como se evidenciará na obra do confrade da Academia Brasileira de Letras e amigo Joaquim Nabuco, que é, por sua vez, o mestre de Gilberto Freyre.

Os múltiplos dilemas e indecisões que Machado de Assis enfrenta para engendrar e compor o narrador em primeira pessoa de *Dom Casmurro* amansam e afinam a rebeldia cosmopolita e irreverente, brutalista, do criador das *Memórias póstumas de Brás Cubas*, de 1881, e o compelem a inserir o novo projeto literário, de maneira *inadequadamente adequada*, na história eurocêntrica oitocentista, tal como dramatizada no romance burguês (*novel*). O futuro narrador machadiano pouco tem a ver com o subúrbio carioca, onde o "vencido da vida" passa a morar, e focaliza uma *única* casa de evidente valor estapafúrdio (é e não é a original, é e não é a cópia). A casa da rua Matacavalos no subúrbio ainda poderia ser lembrança da casa paterna da infância no morro do Livramento, casa de agregado à família de famoso senador do Império, e certamente é uma espécie de lugar *apropriado* a um macabro[16] e simbólico retiro espiritual na velhice.

Como comprovação da interpretação desenvolvida, é recomendável dar atenção aos termos e às situações propriamente textuais. A residência de Bento no Engenho Novo é *cópia* da casa da dona Glória, mãe do protagonista, no bairro da Lapa, assim como *Dom Casmurro* é, inicialmente, uma *cópia* de original literário europeu (os maridos em romances de Flaubert e de Eça, já mencionados) que virá a refutar sua condição de mera cópia, ou sua condição de mero *refil periférico* de "vaso" metropolitano esvaziado. Bento, narrador e protagonista, passa a morar na *cópia suburbana* da casa materna, a original, para poder se entregar *realisticamente* e na *aparência*, mas na *verdade* em poder total sobre a própria subjetividade, dedicando-se então, com ceticismo sorridente,[17] à leitura dos símbolos inscritos na decoração original e no antigo mobiliário. No subúrbio carioca, ele se dedica a narrar as aventuras vividas na Lapa e/ou as reminiscências no Engenho Novo.

Já o ciúme — tema que garante lugar nobre na obra do carioca, desde o primeiro romance, *Ressurreição* (1872) — asfixia a *racionalidade* das intenções do marido/narrador de *Dom Casmurro*. O Bento revive, a pelo e a contrapelo, a vida vivida. Tenta provar um fato a que falta evidência para virar

---

16 O adjetivo "macabro" se explica por análises que faço sobre os procedimentos de autópsia e necropsia na composição dos romances machadianos.
17 Cf. Silviano Santiago, "Quando saio de casa, piso o mundo (Sobre a *formação* artística e crítica)". In: _____, *Grafias de vida: A morte*. São Paulo: Companhia das Letras, 2023, pp. 94–119.

contra ele o seu linguajar jurídico. Nada prova de concreto a paternidade do filho, a não ser a fatalidade de provérbios como "tal pai, tal filho", "filho de peixe, peixinho é". Tem de convencer o leitor pelo lugar-comum, catalogado em dicionário pelo seu mestre Gustave Flaubert, ou seja, convencer pelo bom-senso da "*sagesse des nations*", como dizem os franceses ironicamente. No retiro em que passa a viver, a ascensão da primeira pessoa do singular é o único indubitável, ou seja, o que lhe permite nunca oferecer o álibi que expõe às claras o adultério de Capitu; escamoteia-o sempre. Apoiando-se na retórica da verossimilhança, o velho narrador fecha o círculo semântico e interpretativo das aventuras amorosas vividas na Lapa e na Glória e finalmente narradas no subúrbio.

A cópia da casa de dona Glória no subúrbio — lugar de *retiro* do brasuca "vencido da vida", insisto — será *conforme* à da Lapa até onde é possível a objetividade de se restaurar a adolescência na velhice ou a velhice na adolescência. A racionalidade da argumentação romanesca se asfixia, por sua vez, pela constatação da *falsa* ingenuidade do adolescente Bentinho e da *malícia* atribuída pelo velho dom Casmurro à adolescente Capitu.

Se o marido não fosse ciumento, seria a traição amorosa, pela mulher casada, uma atitude natural? A consequência é também falsa e é explicitada pelo Eclesiastes, mas continua a ser asfixiada na argumentação em primeira pessoa do romance, agora com o pedido de cumplicidade do leitor:

> "Não tenhas ciúmes de tua mulher para que ela não se meta a enganar-te com a malícia que aprender de ti." Mas eu creio que não, e tu concordarás comigo; se te lembras bem da Capitu menina, hás de reconhecer que uma estava dentro da outra, como a fruta dentro da casca.

Do momento em que a novidade (ou a genialidade) do romancista brasileiro ascende ao primeiro plano, a *cópia* de romance europeu não será mais *conforme* (lembre-se da sigla Cc em correspondência, "*carbon copy*"), pois é narrada do ponto de vista das reminiscências do *marido ciumento*, um complexo narrador/protagonista, bem diferente da quase caricatura dos maridos em romances europeus. A opção pelo romance em primeira pessoa é mais do que o desejo por outra e simples perspectiva retórica. Ela está suplementando, graças a uma crítica radical ao patriarcalismo vigente no Ocidente (o mandonismo local, para usar a expressão da cientista política Maria Isaura de Queirós), a tradição do romance burguês europeu.

A *diferença* entre original e cópia está metaforicamente presente na diferença entre o rosto do adolescente e o do velho. Só o protagonista, Bento Santiago, pode se desdobrar no mesmo e diferente *domicílio*, na mesma e diferente *escrita literária da adolescência*; só ele tem direito a hesitar diante do atual e diferente *rosto humano* (o de um velho em trânsito para o subúrbio) para descrevê-lo. É o mesmo rosto humano, embora sejam diferentes as fases da vida. Só o rosto de Capitu permanece o *mesmo*, naturalmente. A fruta está dentro da casca. Não seria o ciúme a expressão da maior habilidade retórica da tinta preta que disfarça, em maquiagem, os cabelos brancos do "vencido da vida"?

> E bem, qualquer que seja a solução, uma coisa fica, e é a suma das sumas, ou o resto dos restos, a saber, que a minha primeira amiga e o meu maior amigo, tão extremosos ambos e tão queridos também, quis o destino que acabassem juntando-se e enganando-me...

Sem a tintura preta nos cabelos brancos do velho narrador, a cópia resultante da *restauração* do rosto adolescente no rosto envelhecido/envilecido evidenciaria — como diferença — as devastações causadas pela idade na *aparência*. Há restauração e restaurações. Para que a restauração *não* se diferencie da cópia, é preciso que os cabelos brancos sejam maquiados pela *tinta preta*.[18]

6

Ao abrir ou reabrir uma leitura de obra artística, a distinção clássica entre *tema* e *estilo* já aparece. A preferência do leitor ou do teórico por um detalhe *formal* implica necessariamente em desfavorecimento do *conteúdo*, e vice-versa. Se opta-se pelo estilo, a abordagem pode ser bem mais enriquecedora do que se faz crer. Neste ensaio, um mero detalhe formal, traço estilístico observado por Compagnon na imensa obra de Proust, é transformado em pré-requisito argumentativo que me impede de cair de imediato nos alçapões armados por abordagens de obra-prima da literatura obedientes ao conteúdo normatizado pela crítica. Se a opção inicial do leitor ou do teórico tivesse sido pelo conteúdo, a livre leitura desconstrutora do eurocentrismo, a ser exemplificada por semelhanças e contrastes com a obra literária de Machado de Assis, teria sido interditada.

---

18 Para o desenvolvimento da questão, leiam "O confisco do cadáver de Machado de Assis pelos monarquistas", publicado na revista *serrote* (n. 45, nov. 2023).

Antes de ser uma preferência, a análise pelo estilo é a própria porta de vaivém que se abre para a estratégia desconstrutora que, espero, se tornará evidente no caso de Marcel Proust e Machado de Assis.

No ensaio "Sobre o estilo", em *Contra a interpretação* (1966), Susan Sontag já acentuava, em crítica da hermenêutica positivista que se fundamenta na neutralidade da ciência, a necessidade de inverter o *sentido* da metáfora que põe o tema no lado interno e o estilo no lado externo da obra de arte:

> Na verdade, em termos práticos, todas as metáforas para o estilo consistem em pôr o tema no lado interno e o estilo no lado externo. Caberia melhor inverter a metáfora. O assunto, o tema, está no exterior; o estilo está no interior. Como escreve Cocteau: "O estilo decorativo nunca existiu e, infelizmente, para nós a alma assume a forma do corpo".[19]

Parafraseando Jean Cocteau: para nós, felizmente, o estilo nunca foi meramente decorativo, e por isso não é a alma que assume o corpo. A preferência pelo estilo significa que é o corpo que está a assumir a alma. Tal foi a minha intenção ao ler Machado de Assis da perspectiva da "fisiologia da composição e,[20] agora, a partir do uso original do pastiche em fins do século XIX.

---

19 Susan Sontag, "Sobre o estilo". In: _____, *Contra a interpretação e outros ensaios*. Trad. de Denise Bottmann. São Paulo: Companhia das Letras, 2020, pp. 30–58.
20 Ver *Fisiologia da composição: Gênese da obra literária e criação em Graciliano Ramos e Machado de Assis*. Recife: Cepe, 2020.

Retomo o argumento para o levar adiante. Trazer o *achado* de Antoine Compagnon para a abertura desta análise significou, primeiro, pôr o estilo (de Proust) no lado interno da obra-prima ocidental (e, do lado externo, o ciúme, assunto ou tema) e, num segundo momento, abrir a possibilidade, com a ajuda do estilo periférico de Machado de Assis, de o ampliar como uma chave passe-partout metodológica, útil na desconstrução da literatura comparada eurocêntrica.

Machado de Assis e Marcel Proust são revelados como escritores geniais por não temerem escrever literatura, criar com uma das ferramentas mais motivadoras de cópia — o pastiche. Imitação e emulação são princípios da criação literária que estão no estaleiro da grande obra literária desde o Renascimento. A imitação ganha novo nome de batismo, "pastiche", no momento em que o autor ganha, como assinala Michel Foucault, foros de independência cidadã, vale dizer, passa a ter presença social, econômica e jurídica.

Antes de dar prosseguimento a informações concretas e textuais, anuncio que essa busca pelo estilo no *pastiche* (pelo estilo alheio) significa principalmente a força do *constrangimento*, do autoconstrangimento como figura retórica da arte construtiva, cuja importância deve ser acrescentada a todas as poéticas da moderna prosa da ficção que consultamos nos nossos dias.

A novidade autoral está também na busca pelo estilo e no constrangimento que a constitui enquanto inquietação ou ansiedade diante da criação de uma novidade artística. Aliás, a ansiedade da influência é título de um ensaio de Harold Bloom, de 1973, do qual aconselho a leitura. Pela circunstância de a busca do mais íntimo do próprio corpo autoral se representar por um pastiche do mais íntimo do corpo autoral do outro, isso que nomeio como *novidade* é,[21] antes de mais nada, um *diálogo* do criador com as mais perfeitas manifestações da tradição que se impõem sobre ele, primeiro como constrangimento formal e, em seguida, como autodescoberta e narrativa do próprio corpo autoral. Uma possibilidade de inovação em literatura. A partir do século XVIII, o constrangimento é a força autoral do corpo a se exercitar em delírio imitativo das grandes criações do gênio humano.

Surge nova distinção metodológica. A ela. Há pastiche e há pastiche.

A primeira configuração de pastiche está em *Pastiches et mélanges*, de Marcel Proust.

Exemplifica-se pela necessidade de o corpo autoral (de Proust) ter de se ajustar a estilos literários de outros corpos autorais (de Balzac, Flaubert, Saint-Simon etc.) que lhe são propostos e impostos pela tradição cultural francesa. O estilo autoral "de" Proust sai de estilos autorais outros e anteriores para chegar a ser, em futuro indeterminado, o dele.[22] Esse movimento introspectivo e prospectivo da criação deve ser creditado como um novo anel na cadeia da tradição francesa, eurocêntrica. A novidade autoral do estilo proustiano guarda as novas e próprias qualidades na *reserva* dos textos pastichados.

---

21 Numa literatura comparada desconstrutora do eurocentrismo, a originalidade se explica melhor pelo conceito de novidade.
22 Abro aqui um potencial de interpretação da escrita corporal do ciúme de Marcel como pastiche da escrita corporal do ciúme de Charles Swann. Ambas as escritas, a original e a cópia, são de Marcel Proust, o que de novo o aproxima de Machado de Assis. O ciúme homossexual se funda no heterossexual. Eis outra perspectiva — agora por *tema* — para a leitura do segundo capítulo do primeiro tomo da *Recherche*.

Paradoxalmente. A isso, acrescenta-se que o pastiche de Proust não fala em harmonia com o espírito do escritor pastichado, mas em afinidade com a sua época. (No autor de pastiche, a harmonia é com o seu próprio espírito — é óbvio.)

Quando está em pauta essa primeira configuração de pastiche, a análise do conteúdo é sempre postergada.

Vale dizer que no pastiche proustiano o assunto é secundário. Aliás, minha afirmação não diz grande coisa, o assunto dos muitos pastiches de Proust no volume *Pastiches et mélanges* é único. Refere-se à atividade devastadora do famoso "inventor" francês, o engenheiro Henri Lemoine, às voltas com a sua grande descoberta. Dizia ele ter fabricado diamante a partir do carbono. E monta banca. É tamanho o convencimento de Lemoine no mundo dos negócios que ele ilude não só os diretores da firma De Beers, de mineração e comércio de diamantes, fundada em 1888 por Cecil Rhodes, como o próprio romancista francês, investidor na bolsa de valores. A firma e o cidadão perderam muito dinheiro com as ações, logo desvalorizadas.

Se o assunto do pastiche proustiano é único, e o é também tematicamente, é porque a busca pela própria escrita corporal está em *reserva* nos variados estilos de convencimento de que se vale cada uma das subjetividades autorais francesas expostas por Proust em *Pastiches et mélanges*.

A ironia expressa pelo pastiche proustiano está no potencial estilístico (e retórico) que se presentifica na húbris humana, o desejo de se enriquecer financeira (fortuna pessoal) ou artisticamente (fortuna da obra, um *long-seller* e não um mero best-seller), em imitação por meio do pastiche do inventor do diamante produzido através do carbono, em laboratório.

O paradoxo dessa primeira forma de pastiche está expresso na própria definição que o francês nos cita em seu livro:

Ainda que ao se dar a menor explicação ao pastiche, corre-se o risco de diminuir o seu efeito, lembro, para evitar ferir legítimos amores-próprios, que é o escritor pastichado que deve falar, não em harmonia com seu espírito, mas na linguagem do seu tempo.

A segunda configuração de pastiche se encontra, primeiramente, no conto já mencionado na abertura do ensaio, "O segredo do bonzo: Capítulo inédito de Fernão Mendes Pinto", em *Papéis avulsos*. O pastiche tem sido pouco explorado pela crítica machadiana, embora tenha se tornado um lugar-comum, juntamente com a subforma paródia nas histórias do Modernismo brasileiro.[23] Se o estilo autoral pastichado por Proust pertence à tradição da arte ocidental, a francesa, Machado o desloca da tradição do nacional eurocêntrico e ambiciona uma universalidade planetária. O pastiche abandona o tom propriamente paradoxal, proustiano, para se apresentar de tal forma combativo e afirmativo na *negação* do espírito do autor pastichado, que é mais rentável julgar o recurso em Machado pela subforma modernista —

---

23 Por enquanto, ofereço a definição de pastiche dada pelo próprio Machado em nota ao conto/pastiche, ao final da coleção *Papéis avulsos*: "Como se terá visto, não há aqui um simples *pastiche*, nem esta imitação foi feita com o fim de provar forças, trabalho que, se fosse só isso, teria bem pouco valor. Era-me preciso, para dar a possível realidade à invenção, colocá-la a distância grande, no espaço e no tempo; e para tornar a narração sincera, nada me pareceu melhor do que atribuí-la ao viajante escritor [Fernão Mendes Pinto] que tantas maravilhas disse. Para os curiosos acrescentarei que as palavras: *Atrás deixei narrado o que se passou nesta cidade Fuchéu* — foram escritas com o fim de supor o capítulo intercalado nas *Peregrinações*, entre os capítulos CCXIII e CCXIV".

a paródia. Os poemas de *Pau-Brasil*, de Oswald de Andrade, me vêm de imediato à memória.

O irônico paradoxo proustiano tem o seu correspondente na derrisão machadiana, monitorada pelo seu ceticismo sorridente. O conto "de" Machado "é" um capítulo inédito do famoso livro *Peregrinação*, de autoria do navegante e escritor Fernão Mendes Pinto. (Não há como escapar ao *é original e não é original, é cópia e não é cópia*.)

Levanto o segundo exemplo machadiano a partir de um capítulo das *Memórias póstumas de Brás Cubas*, "A ponta do nariz". Na sua ficção, o descendente de povo diaspórico africano escravizado pasticha o comportamento de um corpo não ocidental (a linguagem fonética é de tal forma subjetiva que o pastiche não tem conteúdo — é pura e imprevisível invenção momentânea do corpo em estado de meditação). Brás Cubas, o narrador, pasticha o comportamento de um homem religioso sufi. Trata-se de um faquir que se entrega à meditação, a fixar a ponta do nariz. Está deitado em cama recoberta por pregos (a simbologia é evidente.) No conto/pastiche, o corpo autoral se desloca do nacional eurocêntrico para o Oriente que se ocidentaliza. Nesse capítulo das memórias póstumas, permanece o não ocidental como alternativa ao "conhece-te a ti mesmo" socrático. Impõe-se como superfície para o abandono do corpo uma cama coberta por pregos e como fonte de meditação e de reflexão os ensinamentos oferecidos por uma corrente mística e contemplativa do islã. Por eles, se chega ao "embelezamento no invisível", que é universal, evidentemente sem aspas.

A transcrição de um trecho do curto capítulo é suficiente neste resumo do ensaio:

> Bastou-me atentar no costume do faquir. Sabe o leitor que o faquir gasta longas horas a olhar para a ponta do nariz, com

o fim único de ver a luz celeste. Quando ele finca os olhos na ponta do nariz, perde o sentimento das cousas externas, embeleza-se no invisível, apreende o impalpável, desvincula-se da Terra, dissolve-se, eteriza-se. Essa sublimação do ser pela ponta do nariz é o fenômeno mais excelso do espírito, e a faculdade de a obter não pertence ao faquir somente: é universal. [...] Se os narizes se contemplassem exclusivamente uns aos outros, o gênero humano não chegaria a durar dois séculos: extinguia-se com as primeiras tribos.

Marcel Proust e Machado de Assis arriscam sua *autenticidade do corpo autoral* (a ser adjetivada por conservadora, já que tem sempre a ver com tradição, com a inserção do projeto no devir) para transgredir, respectivamente, a retórica e a lógica do récit francês (primado do Eu) e as do romance burguês europeu (primado do Ele). A transgressão é *natural* no desígnio da grande obra artística.

Semelhantes desobediências à tradição desenraízam *À la Recherche du temps perdu* do que é tipicamente "nacional" no récit francês, reinventando-o, e desenraízam *Dom Casmurro* do espaço e do tempo "universal" do romance burguês eurocêntrico, reorientando-o.

A que hora o mundo recomeça? Vai-se embora a *regularidade* planetária centrada no fuso horário de Greenwich.

7

O autoenclausuramento de Machado na tradição do romance europeu de fôlego imperialista e, por isso, de ambição universal (no sentido eurocêntrico) acarreta, ao final do século XIX, a necessidade de o combativo romancista brasileiro, consciente da própria vocação artística e do papel da literatura num Estado recém-emancipado, *divergir* do ufanismo político triunfalista a dominar a nação que *se paralisa na mesmice* do grito às margens do Ipiranga. O Estado nacional brasileiro, ainda sob o domínio dos Bragança, não ativa as forças indispensáveis à solução dos problemas sociopolíticos e econômicos decorrentes da precária condição pós-colonial.

Recebida a emancipação de mãos beijadas, compete à literatura manter acesa a chama da soberania nacional.

No ano de 1872, cinquentenário da Independência, sai em livro o primeiro romance de Machado de Assis, *Ressurreição*, e, no ano seguinte, um jornal nova-iorquino editado em português publica o mais famoso dos seus ensaios, conhecido pelo título de "Instinto de nacionalidade". Na criação e na crítica machadiana já se tornam evidentes os problemas artísticos e os defeitos vocacionais de uma escrita literária que, genealogicamente, é de "segunda mão", e por isso permanece, em nação autônoma, como cópia conforme, ainda sem forças para fortalecer a luta pela soberania.

Dom Casmurro é um romance tardio na obra de Machado. No ano da sua publicação, o Brasil se tornara republicano e estava para completar vinte anos a primeira obra-prima do romancista, *Memórias póstumas de Brás Cubas*. Ao deixar de lado a "história dos subúrbios", o primeiro gesto do narrador de *Dom Casmurro* é o de *aprisionar*[24] a trama do próximo projeto ficcional em literatura francesa, ou seja, no já con-

---

24 A teorização sobre *forma-prisão* se encontra no ensaio "O entre-lugar do discurso latino-americano" e, na prática, no romance *Em liberdade* (1981). Neste, ganha a forma de pastiche, prática usada por Machado de Assis no conto "O segredo do bonzo" e por Proust em *Pastiches et mélanges*.

sagrado romance *Madame Bovary* (1856), de Gustave Flaubert, e em literatura portuguesa, no romance *O primo Basílio* (1878), de Eça de Queirós — para me restringir a exemplos europeus que ostentam *transparência* e *homogeneidade*.[25]

Nas duas obras e nos dois autores europeus, Machado aprisiona o próprio projeto literário e a si mesmo enquanto romancista com a finalidade de não assinar o pacto narrativo que o projeto manteria com a estética realista-naturalista então em hegemonia e o seu narrador em nada subjetivo, associado que vem sendo a um Ele objetivo e com pretensões científicas. Machado de Assis não se subscreve ao pacto implícito no autoenclausuramento. Não é, portanto, subserviente à matriz europeia, na época a circular "universalmente" pelos Estados nacionais periféricos em emancipação.

Em suma, Machado cai e não pode e não deve cair nos recursos e efeitos previsíveis da escrita de "segunda mão". Ele não chancela a cópia conforme.

Por Charles Swann estar do lado de fora das reminiscências de Marcel, ou seja, ser externo ao Eu que as narra, Antoine Compagnon pôde caracterizá-lo como o alter ego do narrador/protagonista da *Recherche*. Durante o desenrolar do *roman-fleuve*, o extrovertido e pouco enigmático alter ego, Charles Swann, insisto, terá, na economia narrativa de

---

25 A presente leitura foi precedida de outra, responsável pelo ensaio "Eça, autor de *Madame Bovary*", em que estão evidentes tanto o anacronismo na análise quanto a homogeneidade dos objetos ficcionais em contraste, sustentado que fui pela imaginação teórica de Jorge Luis Borges e de seu conto "Pierre Menard, Autor del *Quijote*". Ver: *Uma literatura nos trópicos*, pp. 55–76.

uma confissão, a condição de *modelo* distante no tempo de Marcel e dos ciumentos que lhe são contemporâneos.

Não é, pois, por oportunismo que me valho da leitura do relacionamento entre Charles e Marcel, extemporâneos, por uma crítica literária francesa que hoje se encontra fora das prateleiras das livrarias, Claude-Edmonde Magny.[26] Com respaldo bíblico, ela observa com pertinência tanto a *anterioridade* temporal de Charles na cronologia do romance proustiano bem como a condição de *modelo* que assume na caracterização do ciumento Marcel e dos demais contemporâneos. A aguda crítica francesa enxerga João Batista em Charles Swann, um "incipiente" (ignorante) que "profetiza" Jesus, ou seja, Marcel.

No segundo capítulo de *Du Côté de chez Swann*, a última frase de Charles Swann, tal como narrada por Marcel, poderia ter inspirado as palavras finais de Bento Santiago no romance *Dom Casmurro*:

> *Dire que j'ai gâché des années de ma vie, que j'ai voulu mourir, que j'ai eu mon plus grand amour, pour une femme qui ne me plaisait pas, qui n'était pas mon genre!* [E dizer que eu estraguei anos inteiros de minha vida, que desejei a morte, que tive o meu maior amor por uma mulher que não me agradava, que não era o meu tipo.][27]

---

26 Recomendo a leitura da sua história do romance francês datada de 1950 e ainda atualíssima: *Histoire du roman francais depuis 1918*, publicada pela Seuil.
27 Marcel Proust, *Em busca do tempo perdido v. 1: No caminho de Swann*. Trad. de Mario Quintana. São Paulo: Globo, 2006, p. 316.

Se não a tivesse amado, não poderia ter experimentado o ciúme e ter descoberto as suas armadilhas. Se Marcel não tivesse narrado a experiência de Charles antes de dar continuidade às suas confissões, não estaria tão próximo de Bento Santiago que, ao final do seu relato, se apoia no Eclesiastes:

> Jesus, filho de Sirach, se soubesse dos meus primeiros ciúmes, dir-me-ia, como no seu cap. IX, vers. 1: "Não tenhas ciúmes de tua mulher para que ela não se meta a enganar-te com a malícia que aprender de ti".

Em "Um amor de Swann", Proust transgride não só a duradoura e tirânica exigência histórica do récit francês, a primeira pessoa, como ainda o contrato assinado pelo narrador da *Recherche* — "*un monsieur qui raconte et dit: Je*".

Essas exigências já são tradição francesa no século XIX e, desde então, se tornam corresponsáveis pelos inúmeros e exitosos récits românticos, que entram em competição com os romances [novel], sempre exemplificados por Gustave Flaubert, inspirados pela produção britânica no século XVIII. Refiro-me, por exemplo, a récits como *Adolphe* (1816), de Benjamin Constant, e *Armance* (1827), de Stendhal. A tradição do récit é sempre louvada pelos futuros companheiros de geração de Marcel Proust,[28] que fundaram em 1909 a

---

[28] Nos anos 1920, convidado a escrever o prefácio para a reedição de *Armance*, André Gide redige outro fim, "escandaloso", para o récit de Stendhal, um fascinante metatexto, hoje pós-moderno, complementar às ousadias de *Os moedeiros falsos* em matéria de romance. Mais detalhes, ver "Histoire d'une préface: Gide et *Armance*", *Bulletin des Amis d'André Gide*, Montpellier, v. XXXIV, n. 152, out. 2006.

Nouvelle Revue Française, que, por sua vez, será incorporada em 1919 às Éditions Gallimard. A tal ponto a tradição do récit é admirada pelos jovens, tendo à frente Jean Cocteau, que acaba por engendrar o mais talentoso de todos, o *rimbaldiano* Raymond Radiguet, um quase copista de Madame de La Fayette, a *inventora* do récit francês.

Não é, pois, só por mero choque temperamental entre personalidades artísticas fortes a disputar o poder literário em Paris que, em 1914, o manuscrito do primeiro tomo de *À la Recherche du temps perdu* será *rejeitado* pela editora Gallimard e só aceito para publicação pela editora Grasset. Tampouco será por mera casualidade que a resenha negativa mais dura e mais insensível ao primeiro tomo do romance de Proust (editado pela Grasset, relembro) seja publicada justamente na *Nouvelle Revue Française* e tenha sido escrita por Henri Ghéon,[29] um companheiro das aventuras sexuais norte-africanas de André Gide. Torna-se evidente que o manuscrito de Proust é *rejeitado* em virtude de desobediência formal à tradição do récit, pela brecha espaçotemporal assumida por Charles Swann nas reminiscências em primeira pessoa de Marcel.

---

29 Em 1887, Ghéon (1875-1944) conhece Gide, que se torna seu guia literário e seu amigo íntimo até a morte. Alan Sheridan, biógrafo de Gide, diz que ele "era o amigo mais próximo e companheiro de Gide em incontáveis façanhas homossexuais". Em fins de 1908, Ghéon se junta ao grupo de escritores que no ano seguinte funda a NRF. "Quero a cabeça de João Batista na bandeja", não foi essa a ordem dada por Herodias? Mas Marcel Proust, em carta a Jacques Boulanger (18/4/1921), será mais sutil e exato: "*Sur Ghéon je ne suis pas suffisamment averti (ni inverti, ni converti)*". Os três predicativos do verbo "ser" ("não o conheço bem e não sou invertido, nem convertido") perfazem um notável, vingativo e cruel perfil de Ghéon por Proust.

Não é ainda aconselhável analisar em detalhe a resenha de Henri Ghéon. Tampouco peço ao leitor que confie exclusivamente no meu vaticínio, por isso cito um curto trecho da apreciação crítica como evidência. A resenha de Ghéon vem datada de 1914:

> Em vão buscaríamos juntar os primeiros sonhos de uma criança [Marcel] às aventuras de Charles Swann com Odette de Crécy, só conhecidas por Marcel Proust passada sua infância, mas que ele intercala sem razão palpável na narrativa entre suas caminhadas de verão em Combray e suas distrações na Avenue des Champs-Elysées. Quem fala [quem narra no récit] ora tem sete anos, ora quinze, ora trinta. Mistura os acontecimentos e as idades. Sua lógica não é a nossa, não é! Também seu livro não é um romance nem um récit nem mesmo uma confissão. É uma "soma", a soma de feitos e de observações, de sensações e de sentimentos, a mais complexa que o presente nos entrega.[30]

Complemento o trecho da resenha por Ghéon com outro trecho, que tomo de empréstimo à carta que Marcel Proust escreve, ainda no mês de janeiro, ao próprio Ghéon logo em

---

30 *"En vain chercherons-nous à relier ensemble les premiers rêves d'un enfant et cette aventure de M. Swann avec Odette de Crécy que M. Proust ne dut sans doute apprendre que longtemps après son enfance, mais qu'il intercale dans le récit sans raison palpable entre ses promenades d'été à Combray et ses jeux aux Champs-Élysées. Celui qui parle a tantôt sept ans, tantôt quinze ans et tantôt trente. Il mêle les événements et les âges. Sa logique n'est pas la nôtre, non! Mais aussi bien son livre n'est pas un roman, ni un récit ni même une confession. C'est une «somme», la somme de faits et d'observations, de sensations et de sentiments, la plus complexe que notre âge nous ait livrée."*

seguida à publicação da resenha. Nela vem o contra-ataque esperado em tempos de sensibilidades à flor da pele:

> Mas todos os meus personagens, todas as circunstâncias do meu livro são inventadas com o fim de significação. Nunca concebi narrar a história de Swann, quis mostrar (isso, porém, me levaria longe demais). Reconheço que em tudo isso o errado sou eu, pois não admito que se julgue um autor pelo seu propósito e não por seu livro.[31]

Em comentário à apressada montagem que faço tanto do ataque de Ghéon como do contra-ataque de Proust, releiamos as palavras de Antoine Compagnon em epígrafe e lembremos que *Os moedeiros falsos*, o intratável "romance" de Gide publicado em 1925, passará à história da literatura francesa, por ironia da sorte, como *romance-soma*, expressão usada negativamente por Ghéon na antiga resenha. Muitos críticos julgarão também o romance de Gide como *manqué* (fracassado).

No dia 5 de março de 1927, dois anos depois da publicação de *Os moedeiros falsos*, um dos principais responsáveis pela rejeição de Proust pela Gallimard, Gide, se confunde com o romancista rejeitado pelo crítico da *Nouvelle Revue*

---

31 No original: "*Mais tous mes personnages, toutes les circonstances de mon livre sont inventés dans un but de signification. Je n'ai jamais entendu raconter l'histoire de Swann, j'ai voulu montrer (mais cela m'entraînerait trop loin). Je reconnais qu'en tout cela c'est moi qui ai tort car je n'admets pas qu'on juge un auteur sur son dessein et non sur son livre*". Acrescento que Proust sai da briga batendo ainda mais em Ghéon. A longa carta comporta uma espécie de P. S. em que se lê: "Acima de tudo, nem se preocupe em me responder! (ainda que tenha se preocupado em me ler)". (*Surtout ne prenez pas la peine de me répondre! (si même vous prenez celle de me lire.*)

Française. O antigo feitiço se vira contra o eterno feiticeiro. Na data acima citada, Gide anota no seu *Diário*:

> Persistem em julgar *Os moedeiros falsos* como um livro fracassado. Dizia-se a mesma coisa de *A educação sentimental* de Flaubert e de *Os demônios* de Dostoiévski. Antes que transcorram 20 anos, reconhecerão que o que *reprovam* no meu livro são exatamente as suas *qualidades*. Tenho absoluta certeza.

Insinuo agora, ainda que simplificadamente, o primeiro e notável contraste entre Machado e Marcel, que dará início à lista das diferenças que identificam e reconhecem numa e na outra escrita literária a singularidade de um e do outro no tratamento da *memória* (e, eventualmente, no tratamento do ciúme). Já no prefácio de *Contra Sainte-Beuve*, Proust deixa clara sua posição antagônica à exigida por Machado de Assis do seu narrador (e do seu leitor). Cito palavras do prefácio:

> Cada dia atribuo menos valor à inteligência. Cada dia percebo melhor que é só fora dela que o escritor pode novamente reassumir alguma coisa de nossas impressões, isto é, alcançar algo de si mesmo e a matéria única da arte.

Em contraste, a atitude cética e sorridente de Machado se torna mais e mais evidente em relação à possível singularidade e alcance do seu esforço desconstrutor na criação literária. O brasileiro esbanja ironia. Relembro que, ao final da redação de *Dom Casmurro*, o seu narrador escreve que todo o enorme e enfadonho trabalho de escrever um romance deve ser tomado como necessário e indispensável para a realização de um livro bem mais importante, o de uma história dos subúrbios cariocas. A redação do grandioso romance não é mais que um mero exercício estilístico, semelhante ao pastiche, que proporciona o autoaperfeiçoamento pelo mimetismo da própria escrita ou da alheia.

Para melhor entender o postergamento e o estopim irônico que o narrador acende a posteriori, basta atar as palavras do segundo capítulo, "Do livro", que foram glosadas anteriormente, ao próximo projeto que se anuncia na frase final, ou seja, na que precede imediatamente o tradicional vocábulo FIM:

Vamos à "História dos subúrbios".

A transferência do senhor morador dos bairros da Lapa e da Glória para o Engenho Novo significou também o desejo de melhor conhecer in loco a natureza daquilo que importa relatar, a história dos subúrbios cariocas. Ali, na periferia da capital federal, lugar onde o viúvo passa a morar, viver e ter as mais diferentes experiências, depois duma espécie de iniciação a um mundo desconhecido, poderá escrever o seu relato. O *inadequado* da reprodução na periferia da casa situada no prestigioso perímetro urbano, já salientado em suas várias formas originais, se adequaria finalmente a um relato sobre os subúrbios, tornando-o legítimo e autêntico, embora a legitimidade e a autenticidade alcançadas se tornassem inadequadas para fundamentar uma narrativa que descreva as diversas experiências de vida que se tem fora do subúrbio, no perímetro urbano da capital.

Relembro Policarpo Quaresma: "Dessa maneira, Ricardo Coração dos Outros gozava da estima geral da alta sociedade suburbana. É uma alta sociedade muito especial e que só é alta nos subúrbios".

Na caracterização do Bento Santiago, não é apenas o postergamento da redação da história dos subúrbios cariocas que conta. Para que ele se entregue ao trabalho de historiador, falta-lhe algo de mais concreto. Falta-lhe a experiência de vida em subúrbio, e é essa falta que, paradoxalmente, abre o buraco onde se alicerça a ficção das reminiscências da vida em Matacavalos e na Glória. A ficção escrita no subúrbio traria algo da *experiência da vida na periferia* que, na realidade, falta ao narrador/protagonista dom Casmurro. Associando a experiência da redação do romance à da vida cotidiana no subúrbio, o dom Casmurro narrador poderia — e cito a ele — assentar "a mão para alguma obra de maior tomo", a própria história da região popular, onde passou a morar.

Ainda não é o chegado o momento para desenvolver plenamente a *inadequação* do local ao nacional e a *inadequação* do nacional ao universal (sem aspas), e vice-versa. Acredito que as duas formas de inadequação, se associadas, ajudariam a crítica a configurar a genialidade de Machado, se ele já tiver sido liberto antes de algo mais insidioso, os esquemas de leitura normalizados que explicam as obras de arte na periferia do eurocentrismo. Arrematada e posta à prova pelo romance de 1899, a suntuosidade dramática no raciocínio paradoxal do mundo moderno, a hierarquizar o Norte do planeta como superior ao Sul, transforma em escândalo o silêncio sobre Machado de Assis nas histórias eurocêntricas da literatura comparada.

Em suma, o valor *relativo* da futura obra-prima, *Dom Casmurro*, deverá ser aquilatado pelo próximo projeto, a "História dos subúrbios", que nunca será escrito. Se escrito, nunca teria a grandiosidade do romance que foi necessário e indispensável à sua redação.

Continuo. Por que não analisar em contraste as últimas palavras de Marcel Proust no dia em que falece e diz poder liberar ao mundo o todo de *À la Recherche du temps perdu* com as últimas reflexões de *Dom Casmurro*? Nos dois casos, Obra e Vida se encavalgam serenamente ou às turras, para o desgosto ou o prazer dos leitores de um e de outro.

Em *Dom Casmurro*, a frase final "Vamos à História dos subúrbios" se adéqua à palavra FIM se associada ao resgate da história e da periferia da capital federal, e, nesse sentido, serve para desmontar, no Estado nacional brasileiro, o que se apresentaria como sublime em arte universal, desmontagem essa que, no mesmo ato, descentra em Paris a atmosfera grandiosa que os admiradores de Proust vão arquitetar para garantir a autenticidade das pompas e circunstâncias que cercam o dia fatídico e festivo em que, por coincidência divina, o romancista dá a obra por finalizada e a vida humana por expirada.

Esse *fim* glorioso da *Recherche* e de Marcel, coincidentemente, se alicerça em dados fornecidos por Céleste Albaret, a zelosa governanta do francês. Escreve ela que, na manhã do dia em que Proust virá a falecer, o narrador tinha também escrito a palavra FIM no seu romance. Cito-a com o próprio Proust: "*Mon oeuvre peut paraître. Je n'aurai pas donné ma vie pour rien*" [Minha obra pode aparecer. Não terei dado por nada a minha vida].

A morte precoce e trágica do autor em Paris libera diretamente à humanidade o tudo da vida humana expresso pela obra-prima redentora.

A sobrevida (ficcional) do herói Bento Santiago será, como o seu nascimento (também ficcional), uma experiência bem mais bizarra que a de Proust. Restrinjo-me à sobrevida da obra literária *Dom Casmurro* como figurada por seu narrador.

Se o Bento Santiago tinha inicialmente descartado o projeto de escrita da "História dos subúrbios", ele o trará de volta na frase derradeira do romance. Em *trânsito* para o novo manuscrito, Bento continua também em trânsito para o cotidiano laborioso do dia seguinte. No postergamento da "obra de maior tomo" está a experiência de vida num buraco cavado pelo próprio escritor. Por isso não há demérito na frase final do manuscrito ficcional. A narrativa das reminiscências representa a falta de experiência de vida do protagonista, sua insuficiência. Pela recente e paradoxal experiência de vida no subúrbio é que o Bento Santiago re/abre o espaço em branco da folha de papel para a escrita em terceira pessoa de relato histórico, o último trabalho em vida, que não será escrito.

O narrador/protagonista Bento sente bem ao ter a necessidade de retirar o grand finale *do romance* Dom Casmurro *da altitude artística que a obra alcançará. Quem a julgará obra-prima não será a hora marcada pelo meridiano de Greenwich, mas a hora em que o grande relógio anunciará o recomeço do mundo.*

A frase final do romance *Dom Casmurro* desvaloriza o próprio romance na condição de objeto brasileiro, ele é de menor monta sendo suburbano. Só pode ser valorizado por excepcional em termos universais, sem aspas. No mínimo, o negativismo final coloca, pois, um curioso paradoxo ao amante da literatura nacional. A *valorização* do objeto brasileiro só está apropriada para *valorizar* algum insuspeito artista *rastaquera*,[32] para retomar o galicismo que se perdeu nos idos da belle époque brasileira.

---

[32] A língua portuguesa no Brasil se apropriou das palavras "meteco" e "rastaquera", de sentido pejorativo na França moderna, para caracterizar

Machado de Assis não é um artista rastaquera e, por isso, será desvalorizado. O admirador atual de Machado de Assis sabe que a atitude de *reserva* do Bento e a *astúcia* da frase final de *Dom Casmurro* estão a reativar — por cima das duas décadas finais do século XIX — atitude e astúcia semelhantes em obra-prima anterior do nosso romancista, as *Memórias póstumas de Brás Cubas*.

Colemos os dois fins de *Dom Casmurro* a um terceiro FIM.

Das *Memórias póstumas de Brás Cubas* lembremos o texto da dedicatória e as últimas palavras do capítulo final. Já na dedicatória, como em Proust, o fim do livro coincide com o fim da vida do narrador: "Ao verme que primeiro roeu as frias carnes do meu cadáver dedico como saudosa lembrança estas *Memórias póstumas*". Fascinante é que as palavras finais do romance chocam e desvalorizam o legado existencial e artístico que certamente será valorizado pelo futuro:

> Ao chegar a este outro lado do mistério [da vida], achei-me com um pequeno saldo, que é a derradeira negativa deste capítulo de negativas: — Não tive filhos, não transmiti a nenhuma criatura o legado da nossa miséria.

---

os "viajantes" brasileiros que não chegam a adquirir a *formação* europeia adequada à apreciação dos "produtos" franceses. Cito o diplomata Gilberto Amado (1887–1969): "Comecei naturalmente a deleitar-me com as obras-primas da cozinha francesa. Subira eu já a razoável nível de aptidão para opinar com conhecimento de causa, e não aproximativamente como rastaquera ou meteco, sobre molhos, condimentos". Para maiores detalhes, consultar o ensaio "O cosmopolitismo do pobre", em que Gilberto Amado é desconstruído (Silviano Santiago, *O cosmopolitismo do pobre*. Belo Horizonte: Editora UFMG, 2004, pp. 45–73).

Vida e obra se *deslocam* definitivamente da sublime transcendência proustiana e criam intempestivamente espaço e tempo em "um pequeno saldo" conveniente ao lugar de nascimento, à vida miserável e ao momento histórico periférico, em que vida e obra literária sobrevivem sob a forma de legado.

Contraditoriamente bem-humorado e risonho e em nada ressentido, o niilismo do escritor brasileiro descendente de povo africano diaspórico e escravizado oscila entre a indiferença ao absoluto atingido pelo povo colonizador (não é gratuito o *pastiche* do clássico *Peregrinação*, de Fernão Mendes Pinto) e a consequente derrisão (no fundo uma *paródia*). Unidas e contraditórias, a indiferença ao absoluto da colonização e a derrisão diante dos seus produtos amparam o objeto artístico brasileiro já acabado, objeto desabonado pela tradição "universal" e que, por isso, é legado ao consumo pelos vermes do cemitério de São João Batista.

Sabe Machado de Assis — e sabemos nós, os seus poucos admiradores — que a obra-prima sobreviverá em condição de *semianonimato* no cânone da literatura ocidental. Estará sempre à espera do significado potente que, aquém e além das fronteiras nacionais, lhe é sempre poupado e até negado.

O biógrafo Richard Ellmann nos informa que James Joyce, quando perguntado sobre o que escreveria depois dos 15 anos de dedicação a *Finnegan's Wake*, teria respondido: "*I think I'll write something very simple and very short*" [Acho que vou escrever algo muito simples e muito curto].

Por obra de não sei qual divindade das *belles lettres* europeias, abriu-se ao final do século XIX, no Rio de Janeiro, uma fantasmagórica porta de saloon de faroeste — necessariamente intempestiva em termos do sentido histórico — que franqueou a passagem do século XIX para o século XX e do século XX de volta ao século XIX, e que também franqueou a passagem de *Dom Casmurro* para "Un Amour de Swann" e vice-versa.

A que hora o mundo recomeça reabre a porta de vaivém. Por ela adentra anacronicamente o escritor do Novo Mundo, descendente de povo diaspórico africano escravizado. O ensaio não se refere ao milagre bíblico do Mar Vermelho, mas a pequenos detalhes artísticos, bem pão, pão, queijo, queijo, que, revelados com atrevimento crítico, exigem, para o genial Machado de Assis e para uma literatura nacional a que ele se filia, dita menor, a indiscutível dimensão universal (*universal*, sem aspas).

P. S.

Em curto ensaio, "Machado de Assis e Proust: Aproximações", publicado no dia 2 de agosto de 1969 nas páginas do importante Suplemento Literário de *O Estado de S. Paulo*, então dirigido por Nilo Scalzo, a pesquisadora Ione de Andrade anuncia a possível acoplagem em literatura comparada dos dois autores em pauta. Há meio século, ela lança a semente em artigo de jornal. Que eu saiba — e seria importante receber essa informação caso alguém a tenha —, Ione de Andrade não chegou a dar forma de longo ensaio acadêmico, ou de livro, à pesquisa anunciada no Suplemento Literário. O crédito está dado, talvez seja insuficiente.

FRAGMENTOS INICIAIS

A nossa era é retrospectiva. Edifica sepulcros para os nossos antepassados e escreve biografias, histórias e críticas. Todas as gerações anteriores contemplavam, face a face, a Deus e à Natureza; nós só o fazemos mediante os olhos daqueles que nos antecederam. Por que é que não haveríamos também de desfrutar duma relação original com o Universo? Por que é que não haveríamos de possuir uma poesia e uma filosofia fruto da nossa própria introspecção e não a que nos é oferecida pela tradição? Por que é que não haveríamos de ter uma religião mediante revelação pessoal e não aquela que foi revelada a outros?

RALPH WALDO EMERSON
Nature (1836)

A invenção da moderna escrita introspectiva na língua portuguesa: *Memórias póstumas de Brás Cubas*

Recordar é um fato do espírito, mas a memória é um plasma da alma, é sempre criadora, espermática, pois memorizamos a partir da raiz da espécie. Mesmo na planta existe a memória que a levará a adquirir a plenitude de sua forma, pois a flor é a filha da memória criadora.
LEZAMA LIMA
A expressão americana[33]

Naquele dia, a árvore dos Cubas brotou uma graciosa flor.
MACHADO DE ASSIS
Memórias póstumas de Brás Cubas

---

33 Lezama Lima, *A expressão americana*. Trad. de Irlemar Chiampi. São Paulo: Brasiliense, 1988, p. 59.

Primeiro folhetim

Convergências nacionalistas nas artes brasileiras e as duas primeiras divergências machadianas, de têmpera universalista

Machado de Assis publica *Memórias póstumas de Brás Cubas* em 1881.

O notável romance abre a década em que o regime monárquico-escravocrata, então vigente no Brasil, deverá ser julgado como *circunscrito ao passado* por conta de duas canetadas de responsabilidade da princesa Isabel (1888) e do marechal Deodoro da Fonseca (1889), respectivamente. A partir de 1889, ano em que a República é proclamada, a bandeira do Brasil, cujo lema assegura "Ordem e Progresso" nos séculos futuros, passa a abrigar nos trópicos o filósofo positivista Auguste Comte. Assim Comte define o regime republicano: "O Amor por princípio e a Ordem por base; o Progresso por fim".

Por outro lado, o quinto romance de Machado de Assis é o *primeiro* dos cinco atrevidíssimos que ele virá a escrever e publicar até 1908, ano de sua morte. Entre eles, destaque para o *Dom Casmurro*, que será — como já esclarecido no resumo introdutório — o principal objeto da análise contrastiva com "Un amour de Swann", um livro-dentro-do-livro *À la Recherche du temps perdu*, de Marcel Proust.

No ano em que Machado de Assis falece, o jovem governo republicano brasileiro comemora o *centenário* da primeira medida que o príncipe regente d. João toma ao se exilar na colônia americana.

No dia 28 de janeiro de 1808, o príncipe regente assinava, ao desembarcar da Europa na Bahia, a carta régia que determina a abertura dos portos do Brasil ao comércio com as nações amigas. Decretada antes de a comitiva real se instalar no Rio de Janeiro, a medida dá por encerrado o antigo "pacto colonial". Por 308 anos, tinha-se estabelecido que as mercadorias só poderiam ser levadas da colônia, ou trazidas para ela, por meio de embarcações portuguesas. Proibia-se também que fossem produzidas mercadorias manufaturadas no território colonial.

A simbologia que guarda a comemoração desse centenário — coincidente, por outro lado, com a modernização da capital federal da República pelo prefeito Pereira Passos — casa a obra romanesca de Machado de Assis, que se fecha, com os portos brasileiros, que se abriam às nações estrangeiras.

A magnífica exposição comemorativa do centenário da abertura dos portos às nações amigas, localizada no bairro da Urca, no distrito federal, comportava vários e imponentes prédios representativos das riquezas dos principais estados brasileiros e de várias nações estrangeiras. Tendo publicado em 1908 o cativante e demolidor *A alma encantadora das ruas*, o escritor João do Rio (pseudônimo de Paulo Barreto) aproveita a evidência de profundo conhecedor do cotidiano republicano carioca para cobrir jornalisticamente a exposição. Nas suas crônicas, exercita a verve irônica e arrasadora. Detém-se no papel das autoridades presentes e no comportamento da multidão de visitantes. O trabalho jornalístico será reunido posteriormente no livro *Cinematógrafo* (1909).

A corte imperial portuguesa ficará domiciliada no Brasil até 1821. No ano seguinte, o sucessor de d. João VI, seu filho Pedro I, proclama a Independência do Brasil.

Abro a leitura do romance *Memórias póstumas de Brás Cubas* pela perspectiva sociocultural e política oferecida pelo século XIX. Acredito, no entanto, que o século e o romance machadiano seriam mais apropriadamente compreendidos se fora das tradicionais balizas cronológicas. Proponho o ano de 1808 para o seu início (data em que d. João assina a carta régia) e o de 1908 para o fim (centenário da assinatura da carta régia). Esses cem anos recobririam, na história nacional, o último e longo *intervalo* de independência da colônia lusitana nos trópicos, intervalo intensamente vivido e admiravelmente apreendido e analisado criticamente por Machado de Assis.

Durante esse século XIX fora dos eixos tradicionais, os antigos colonos lusitanos e, posteriormente, os cidadãos letrados brasileiros vão conformar e formatar a incipiente literatura nacional, em obediência à matriz e aos modelos artísticos da moderna prosa e poesia europeia. A supremacia dos valores literários estrangeiros trabalha em prejuízo da contribuição à cultura nacional das línguas e das matrizes "literárias" dos povos originários e dos povos africanos diaspóricos e escravizados. A importação artística, propriamente europeia, permanece inteiriça até o terceiro milênio, quando as contribuições culturais em prejuízo passam a participar de maneira decisiva em favor da diversificação e do enriquecimento da literatura nacional.

Só no nosso século XXI, as artes brasileiras serão sensíveis a correntes identitárias outras que as identidades europeias, já sedimentadas e em hegemonia indiscutível. No terceiro milênio é que a injusta e inconfortável condição inicial das línguas e das matrizes culturais dos povos originários e dos povos diaspóricos será pela primeira vez negociada entre as partes, na busca de equilíbrio e de justiça na constituição da cultura brasileira. Nos dias de hoje, essas negociações visam a desconstruir a pirâmide dos valores linguísticos e culturais no Brasil, cujo topo é ocupado pela língua nacional europeia e os níveis mais baixos, pelas línguas e pelas culturas dos povos originários e dos povos diaspóricos, com destaque para os africanos.

A partir do século XVIII, em particular por ocasião das ordenações implantadas pelo marquês de Pombal, é que os brasileiros letrados receberiam e acatariam da metrópole e acatando uma matriz comportamental única (linguística, étnica, religiosa e artística), matriz que será sempre *objeto de trabalho de segunda mão pelos colonos e futuros cidadãos*. Nos trópicos, corpos, mentes e imaginações juvenis se educam ao *interiorizar um saber europeu* que se reproduz pela imitação da instrução escolar lusitana. Capengando de uma perna, a matriz única europeia, renascentista inicialmente e posteriormente iluminista, vai constituindo a língua portuguesa tal como falada, ensinada e escrita no Brasil que, a seu turno e por conta própria, se desenhará e se definirá como a futura língua oficial da nação autônoma.

Retomo. Com a derrota de Nassau em 1654, abole-se, ainda no período colonial, a concorrência de uma das duas línguas de Estado em vigor, o holandês. Já oficial, a língua portuguesa ganha novo e definitivo impulso pela lei assinada por d. José I e conhecida como Diretório dos Índios (1755), que será implementada pelo Marquês de Pombal em 1757. Pelos seus dizeres se proíbe o uso da língua-geral na colônia. A transferência em 1808 da corte imperial para o Rio de Janeiro é outro importante fator no domínio pela exclusividade linguística, a que se soma, depois da Independência, em 1826, a discussão no Parlamento sobre a língua nacional brasileira. O deputado José Clemente propõe que os diplomas dos médicos no Brasil sejam redigidos em "língua brasileira". Do colonizador, a língua portuguesa, já oficial, se torna nacional.

O confronto entre a "forma popular" (oral) e a "norma culta" (escrita) se dilata no correr do tempo e será um dos principais temas em concórdia-e-discórdia no modernismo brasileiro.

Os vários modelos matriciais que a literatura nacional carreia na sua formação tardia são, portanto, universais, eurocêntricos e formais. Mostram-se inegavelmente flexíveis à medida que os habitantes letrados se expressam por suas expressivas, pequenas e sucessivas conquistas emancipatórias. O texto literário brasileiro se escreve em registro de estilização linguística localista. O *conteúdo* dito "exótico" — a *wilderness* brasileira, para usar a minha nomenclatura — aprimora a sua grandeza eloquente por uma prática ostentatória, variada e disciplinada, nos vários gêneros (*genres*) literários europeus, à disposição do letrado.

Em suma, a literatura nacional se aprimora pelo trabalho de segunda mão em estruturas artísticas formais de origem estrangeira. A contribuição artística, no período colonial e no período nacional, ambiciona *inserir* a produção literária periférica, em formação, na *literatura ocidental* (este ensaio, quando obediente ao eurocentrismo, substitui o adjetivo *ocidental* por "universal").

Matriz formal europeia/*wilderness* brasileira como conteúdo/estilização regional da língua portuguesa — eis as três categorias que direcionam a imaginação criativa de escritoras e escritores constitutivos de um acervo literário nacional, em que personalidades literárias se destacam e ganham diferentes e nítidos contornos no conjunto das artes do Novo Mundo, em processo de emancipação da colonização europeia.

Quando e como a literatura "universal" estaria reagindo e acolhendo incondicionalmente essa literatura nacional periférica, em formação? A resposta à pergunta elege o romance *Memórias póstumas de Brás Cubas* como o primeiro digno do lugar honroso, visto ser ele o que abre a presente explanação teórica e deixa que se descortine o processo de desconstrução da literatura comparada eurocêntrica, em pauta.

Até 1881, é pelo *conteúdo* da obra literária, a *wilderness* brasileira, que o entusiasmo patriótico do homem letrado brasileiro se enuncia na qualidade de emancipatório da Europa.

A reivindicação de liberdade do artista segue o padrão linguístico único, imposto pelo marquês de Pombal durante o reinado de d. José I. O Iluminismo se adapta às circunstâncias coloniais brasileiras. Por efeito de clivagem é que o entusiasmo patriótico se normaliza espacial (faz parte da geografia do planeta) e temporalmente (insere-se na cronologia da história ocidental).[34] Espaços e tempos opostos e contingentes não se definem pela *forma*. Revelam-se por *conteúdos* diferenciados. A inserção da *wilderness* no espaço e tempo cronológico do Ocidente é definidora das comunidades em luta — a dos colonos obedientes e a dos rebeldes brancos independentistas.

Como observa Antonio Candido, é notável a ausência na primeira grande narrativa em prosa brasileira, *Memórias de um sargento de milícias* (1854), a ausência do rei (embora a ação se passe — diz a primeira frase do texto — no tempo do rei) e dos africanos escravizados.

---

34 A desobediência a essa *normalização* só se encontra ao final do *Manifesto antropófago*: "Em Piratininga. / Ano 374 da Deglutição do Bispo Sardinha". A ficha catalográfica registra a correção eurocêntrica: São Paulo, 1º de maio de 1928. À correção faltou a sigla a diferençá-la definitivamente: d.C.

É para esse paradigma — em nada original em termos propriamente formais e em nada complexo em termos de riqueza poética expressiva — que a contribuição colonizadora da literatura europeia se autoafirma como transportada para o Brasil e ali transplantada. Pela *cópia* nacional, ou seja, por um dos extremos da polarização resultante da clivagem, é que a escrita literária brasileira ganha começo (e não origem) e o escritor, a autonomia cidadã. Por essa ordem e talvez nessa ordem é que se concretiza a tradição literária *nacionalista* no Brasil.

O lá, Portugal, e o cá, o Brasil, ou vice-versa, configuram no globo, no calendário gregoriano e na grande viagem civilizacional da Europa, a emergência de diferente espaço/tempo (espaço/tempo mais amplo que o simplesmente europeu), que sai em busca de autonomia.

A autonomia cidadã se manifesta inicialmente sob a forma de entusiasmo patriótico, ou de "instinto de nacionalidade", para retomar o Machado de Assis de 1872, e pode ganhar o atrevimento e a imprecisão de querer significar o que já seria uma utopia no universo desconhecido dos europeus.[35] Num primeiro movimento descolonizador, o entusiasmo patriótico assim como qualquer utopia atrevida são expressões do cá, o Brasil como sendo complemento do Velho Mundo, o lá, representado por Portugal, país colonizador.

Neste ensaio, tentaremos provar que o espaço/tempo mais amplo que o configurado como eurocêntrico, mesmo se reduzido à condição de local, periférico, já pode se de-

---

35 Impõe-se aqui a leitura de *Visão do paraíso: Os motivos edênicos no descobrimento e colonização do Brasil*, de Sérgio Buarque de Holanda, publicado em 1959.

senvolver com tal força que se encaminha em direção ao *planetário*, não mais como complementar e, sim, como suplementar ao planeta tal como representado sob o domínio da europeização. O espaço/tempo em obra literária periférica poderia, pois, ser configurado como sendo ainda mais amplo que no modo como é representado pelo eurocentrismo colonizador.

No século XIX, a expressão mais autêntica da desconstrução do eurocentrismo em literatura se encontra paradoxalmente na escrita periférica de *Memórias póstumas de Brás Cubas*.

A *estreiteza* complementar das fronteiras nacionais foi consagrada pelo entusiasmo patriótico, tal como expresso pela "Canção do exílio", famoso poema de Gonçalves Dias. O *alargamento* das fronteiras nacionais que apenas *complementam* a europeização, ou seja, a *suplementariedade* do Novo Mundo ao Velho Mundo só se tornará evidente na publicação em 1881 das *Memórias póstumas de Brás Cubas*. Tal como proposto por Gonçalves Dias, o quadro geral da jovem literatura brasileira recobriria apenas a formatação literária (em segunda mão) de um Novo Mundo que se amplia pela imposição aos nacionalistas periféricos das coordenadas temporais e espaciais obedientes ao eurocentrismo.

A saudade costuma ser o traço de união sentimental entre o Velho e o Novo Mundo. Vamos aos extremos. Saudades do Brasil no poeta Gonçalves Dias. Saudades do Brasil no etnólogo francês Claude Lévi-Strauss.

Ao centro do traço de união, a saudade da Europa em Joaquim Nabuco. O cidadão brasileiro letrado é apenas um "espectador" do teatro do mundo. A metáfora cênica, a dividir a sala em palco e plateia, perpetua a passividade emocionada e contente.

Descobre-se a pátria no exílio europeu e o júbilo se torna rotineiro entre os cidadãos emancipados em visita à antiga metrópole (ou seja, a saudade é também decorrência do distanciamento do lugar privilegiado pela autonomia, o Brasil). No lugar ambíguo da saudade só se evidencia o encantamento patriótico juvenil, tomados pelas maravilhas da originalíssima *wilderness* tropical, de onde vêm.

O artista brasileiro estaria mais predestinado a ser espectador do teatro do mundo, como diz Joaquim Nabuco, que a ser ativista na pátria? Eis o belo dilema proposto pela belle époque nos trópicos, que Machado de Assis desconstrói.

Se nos fixamos no gênero literário europeu que recebeu maior aceitação entre nós, o romance (*the novel*, como o gênero é batizado no Reino Unido no século XVIII), há que salientar que a genialidade tardia do romancista Machado de Assis, explosiva em 1881, virá a *intervir nas obrigações, deveres e esperanças* que o *antecessor* mais saliente no cânone, José Alencar (1829–1877),[36] tinha prognosticado para a prosa literária em língua portuguesa falada no Brasil.

Machado virá a intervir nas obrigações, deveres e esperanças defendidas pelo(s) antecessor(es) *a fim de divergir* delas. Intervém no cânone nacionalista em andamento, divergindo. *Memórias póstumas de Brás Cubas* intervém e diverge da convergência artística nacionalista.

* * *

---

36 Com as raras exceções de sempre, a produção literária colonial, ao ganhar peso e valor *nacional*, será imaginada, armada e construída por escritores que fazem parte da seleta cidadania masculina brasileira. Nesse particular, o presente trabalho precisa ser suplementado.

Se o presente ensaio abrangesse também a produção de *poemas* por cidadãos brasileiros letrados, as intervenções e as divergências em *prosa* de Machado de Assis reconheceriam um notável *parceiro* e dele receberiam um inestimável *apoio cultural e intelectual*. Lembro o bom amigo de Machado de Assis, hoje não tão esquecido mais, o poeta maranhense Sousândrade (Joaquim de Sousa Andrade, 1833–1902), autor do épico *O guesa* (1884), que só a partir da década de 1950 será valorizado pela crítica literária brasileira.

Sousândrade foi também negligenciado pelo cânone nacionalista da literatura brasileira.

Não é por vaidade ou por acidente que, em 1872, Machado de Assis deseja publicar nas páginas de *O Novo Mundo* — jornal editado em Nova York, cuja vice-presidência é ocupada pelo poeta maranhense citado — o ensaio "Notícia da atual literatura brasileira" (mais conhecido pelo seu subtítulo, "Instinto de nacionalidade"). O manuscrito será publicado em março de 1873 em Manhattan e visa a comemorar não só aqui, mas também no estrangeiro, o cinquentenário da Independência do Brasil. A perspectiva assumida pelo autor é a da ainda incipiente produção literária nacional, a incluir, portanto, os poetas do século XVIII.

Hoje, nota-se como Machado já programa em 1872 a desconstrução da hegemonia artística nacional que se autoafirma como cânone. Na reflexão sobre o instinto de nacionalidade, ganhará força superior a astuta alusão que o romancista carioca faz à condição de não britânicos dos grandes protagonistas do clássico William Shakespeare. Por que não usar recurso idêntico ao do bardo inglês no enriquecimento prematuro da literatura brasileira? Jorge Luis Borges, no século seguinte, aproveitará a dica desconstrutora levantada no Novo Mundo por Machado, trocando o exemplo britânico por semelhante — a ausência de camelos no *Alcorão*.

A favor da hipótese histórica que destaco, acrescente-se que três anos depois da edição em livro das memórias póstumas, em 1884, o maranhense publica o poema épico que dramatiza protagonistas heroicos de outras nacionalidades do Novo Mundo, e não apenas os nascidos no Brasil. *O guesa* ("sem lar", em quéchua), aliás, vinha sendo escrito por Sousândrade desde 1858, quando o Machadinho ensaiava os primeiros passos em literatura, transplantando a figura do "folhetinista europeu" para as letras nacionais. À semelhança de Machado na prosa, Sousândrade virá a intervir na poética de um *antecessor* notável, o poeta Gonçalves Dias (1823–1864), também maranhense e, como Alencar, pertencente ao nosso cânone.

Na poética de Gonçalves Dias, Sousândrade intervém para dela diferir. O poema de Gonçalves Dias e o de Sousândrade se espelham, respectivamente na prosa ficcional de José de Alencar e de Machado de Assis.

A instrumentalização analítica e histórica, que se arquiteta e se monta neste primeiro folhetim, caso viesse a receber a contribuição similar e rica oferecida pelo poema épico de Sousândrade, tornaria profusa e complexa a abordagem comparativa e contrastiva entre os romancistas Machado de Assis e Marcel Proust, a que me dedico. Portanto, uma ampla e ambiciosa matriz para a história da literatura brasileira fica apenas anunciada e à espera de melhor ocasião.

De outra perspectiva, a opção em favor da prosa literária me libera — acredito — para uma *leitura crítica* mais densa e eficiente da proposta contrastiva original do ensaio, já que ele virá estruturado pela exclusividade concedida a um só gênero literário. Quem sabe se um terceiro não aceitaria tomar a decisão oposta e complementar à minha? Por enquanto, só posso salientar a necessidade de um panorama historiográfico da prosa de ficção dilatado pelo gênero poético, que aqui falta.

* * *

Retomo. O *prepotente* romancista Machado de Assis — e ele o é, não há que suavizar esse traço da sua genialidade artística negligenciado nas biografias — faz com que as imprevistas, calculadas e ameaçadoras *divergências* de têmpera universalizante, levadas a cabo pelas *Memórias póstumas de Brás Cubas, colidam* frontalmente com a vitoriosa *convergência* nacionalista do romance romântico, escrito e publicado no Brasil.

A prosa de ficção machadiana de 1881 é ainda mais ambiciosa e soberba. No incipiente campo propriamente literário, a performance do romancista surge atrevida e bombástica. O romance *desconstrói* — como esperamos provar no decorrer deste ensaio — a formação educacional, política, religiosa e artística *eurocêntrica* do colono e do recente cidadão brasileiro, fundamento do conceito aspeado de *universal*, prevalente até os dias de hoje entre os nossos educadores, políticos, religiosos e na maioria dos artistas.

Tendo como pano de fundo o *nosso* século XIX e a vida cultural e política do cidadão brasileiro letrado em governo monárquico-escravocrata, constata Machado que a expressão do nacionalismo triunfante em 1822 causa certo desconforto e inquietações profundas entre os intelectuais críticos do sistema de governança do Brasil, ainda bragantino. Posto em evidência pelas divergências machadianas, o *desconforto apaixonado e privado do cidadão, associado às inquietações coletivas, vai berrar no romance de 1881*, e poderá ser compreendido séculos afora pela avaliação concreta e positiva do inesgotável *contributo* ficcional que oferece.

Trata-se de contributo ficcional *desnorteante, desafortunado* e *revolucionário,* que visa à busca, em jogada de intenção *planetária,* de uma concepção *descentrada* da matriz única brasileira — lusitana e europeia. Uma concepção de universal multirracial e multifacetada culturalmente, com violentos conflitos internos, muitas vezes só apreendida em silêncio de escritório, no silêncio da leitura.

As *divergências ficcionais universalizantes* induzem o leitor das *Memórias póstumas de Brás Cubas* a fixar, no horizonte da *emancipação,* a luz da sempre almejada e nunca atingida *soberania* econômica, social e artística de um Estado-nação brasileiro no concerto das nações.

O *instinto* de nacionalidade só se enriquecerá pela *consciência* da nacionalidade, Machado já o diz e o celebra desde 1872.

No século XX, a perspectiva divergente e crítica defendida por Machado situa o romance *Memórias póstumas de Brás Cubas* em lado contrário e oposto à perspectiva assumida pela historiografia literária que se autodefine pela "tradição afortunada". Afrânio Coutinho, professor catedrático de literatura brasileira da Universidade Federal do Rio de Janeiro, antiga Universidade do Brasil, será o porta-voz definitivo da tradição afortunada em 1959, ano em que publica, com a colaboração de colegas universitários, os vários tomos de *A literatura no Brasil.*

Naquele mesmo ano, Antonio Candido, professor da Universidade de São Paulo, defende tese afinada com as divergências universalizantes machadianas. É bem conhecido e bem difundido um importante parágrafo do prefácio de *Formação da literatura brasileira.* Repito-o, para avançar parte da novidade da minha argumentação:

> A nossa literatura é galho secundário da portuguesa, por sua vez arbusto de segunda ordem no jardim das Musas... Os que se nutrem apenas delas são reconhecíveis à primeira vista, mesmo quando eruditos e inteligentes, pelo gosto provinciano e a falta do senso de proporções. Estamos fadados, pois, a depender da experiência de outras letras, o que pode levar ao desinteresse e até menoscabo das nossas. [...] Por isso, [este livro,] embora fiel ao espírito crítico, é cheio de carinho e de apreço por elas [letras brasileiras], procurando despertar o desejo de penetrar nas obras como em algo *vivo*, indispensável para *formar* [grifos meus] a nossa sensibilidade e visão do mundo.

Na audaciosa configuração que apresenta ao final da década de 1950, o historiador paulista ficou a nos dever um questionamento da nossa obediência irrestrita ao Ocidente, ou seja, ao eurocentrismo hegemônico.[37] Seu discípulo, Roberto Schwarz, explicitará com acuidade e talento, dentro da moldura estabelecida pelo mestre, a leitura de Machado de Assis.

---

37 Tudo indica que Joaquim Nabuco, ao discursar na Sessão inaugural da Academia Brasileira de Letras, em 20 de julho de 1897, qualificava a presença africana de Machado de Assis ao seu lado. Ao final da sua fala, diz ele: "A principal questão ao fundar-se uma Academia de Letras brasileira é se vamos tender à unidade literária com Portugal. Julguei sempre estéril a tentativa de criarmos uma literatura sobre as tradições de raças que não tiveram nenhuma; *sempre pensei que a literatura brasileira tinha que sair principalmente do nosso fundo europeu.* Julgo outra utopia pensarmos em que nos havemos de desenvolver literariamente no mesmo sentido que Portugal ou conjuntamente com ele em tudo que não depende do gênio da língua" [grifo meu].

Ainda que tardiamente, a prosa literária brasileira avança também por uma tradição *malventurosa*, caso se julgue *válida* a divergência machadiana (e, evidentemente, sousandradina) ao cânone qualificado e valorizado pelo adjetivo *afortunado*. Se ao instinto de nacionalidade se segue a sua consciência, à tradição afortunada se segue a desafortunada.

Julgada válida a divergência histórica e literária machadiana, logo despontará uma *segunda* e quase absurda *divergência* ainda machadiana, de caráter *subjetivo* e *autodestrutivo*. Em 1881, o romancista carioca diverge também das obrigações, deveres e esperanças que inspiraram e sustentaram os seus quatro primeiros romances, escritos e publicados entre os anos de 1872 e 1878: *Ressurreição, A mão e a luva, Helena* e *Iaiá Garcia* (os títulos estão listados em ordem cronológica). Desavém-se dos quatro primeiros romances (a) em termos de *composição* do texto, (b) pelo *estilo* em que estão escritos, (c) pela *retórica* literária de que se vale o narrador e (d) até mesmo pelo modo como *caracteriza* o personagem.

Pela segunda vez, *o autor carioca se inventa como romancista*, ajustando definitivamente a sua mais notável e poderosa personalidade artística. Trata-se de ousadia performática de cunho arriscado, pretensioso e suicida, inédita no Brasil. Só na idade madura é que o romancista *estimula a gênese de outros e impensáveis narradores* em sua obra, tornando-se o modelo para os futuros e arrojados romancistas no Brasil.

Machado e Sousândrade, artistas atrevidos e iconoclastas, terão evidentemente os seus legítimos detratores e os seus mais arrogantes admiradores.

Se não é por entusiasmo juvenil que o Estado nacional brasileiro deve se inserir no mundo, tampouco é por entusiasmo primaveril que Machado de Assis chega à condição de o mais importante dos romancistas experimentais brasileiros.

O poeta modernista Carlos Drummond de Andrade o emulará no século XX. A troca de cartas entre o jovem poeta Carlos e o paulista Mário de Andrade, datadas de 1924 e 1925, informa em minúcias o acesso do poeta mineiro à vanguarda fora da estação da vida que lhe é propícia, a da juventude.

Em 1881, a narrativa de autor defunto, ou de defunto autor, é, pois, decorrência de dois prepotentes e rentáveis epitáfios. Aos vermes do cemitério são entregues o cânone literário afortunado e os romances brasileiros até então escritos. É também aos vermes do campo-santo que o romancista lega, em laudo prematuro, os seus quatro primeiros romances românticos.

A produção brasileira em prosa literária anterior à década de 1880, *incluindo* a do próprio Machado de Assis, não mais estimula nem estimulará o escritor carioca quarentão, já tomado por evidentes problemas de saúde, como atestam os biógrafos e atestará no final da vida o dr. Miguel Couto. O intelectual e romancista carioca passa a divergir abruptamente — em nação pós-colonial, de regime monárquico-escravocrata — do ideário artístico e ideológico nacional, romântico e sentimental e de nítida e estreita reivindicação identitária.

A performance de Machado de Assis é crítica e, ao mesmo tempo, autocrítica. A ascendência do leitor crítico sobre o escritor é, em grande parte, procedente da sensibilidade *inconformista e participante* do intelectual carioca.

Na condição de autocrítico, Machado acolhe e acata a leitura mordaz dos contemporâneos e a dos mais jovens. Ao reconhecer fragilidades no seu trabalho artístico, assume o ponto de vista alheio, o do crítico. Toma a este como parceiro no próprio ato criativo, aprendendo a autocriticar-se em contraditório, assim como o rapazinho do morro do Livramento aprende o latim com o vigário da paróquia local e a língua francesa com imigrante, o padeiro da comunidade.

A deficiência do trabalho artístico e a contribuição da leitura crítica alheia se tornam evidentes logo após a publicação do quarto romance, *Iaiá Garcia* (1878). O jovem crítico Urbano Duarte (1855-1902) pega pesado em resenha para jornal. O crítico se faz de árbitro no ringue de box. O gongo da derrota soa no quarto round da luta entre Machado e o seu romance, transformado em antagonista. Urbano Duarte se justifica junto à plateia:

> O [poeta] cantor das *Americanas* que acatamos e apreciamos, deve apimentar um pouco mais o bico de sua pena, a fim de que seus romances não morram linfáticos.

Que Machado se cuide. É o autor de quatro romances *linfáticos*. Romances a que faltam vigor e energia, vida.

O escritor autodidata aprende com o julgamento crítico alheio, repito.

Não estaria o romancista a acatar as próprias limitações ao inventar o quinto manuscrito na intimidade do lar? Não estaria a perguntar atrevidamente ao jovem Urbano:

> Que lhe parece, meu jovem, se eu repensasse radicalmente as deficiências dos quatro primeiros romances linfáticos e firmasse pacto, na redação do quinto, com um autor defunto, tido como totalmente inverossímil? Se abrisse espaço na nossa Vida para os que foram morar no campo-santo e viraram alimento de vermes, será que a minha escrita estaria menos linfática? Ou será que estaria sendo ousado demais ao capacitar de palavras os já falecidos e enterrados, a fim de torná-los capazes de influir, interferir e até de in-

terromper o curso por demais previsível da experiência de vida no presente? Será que os mortos chegariam a fazer as suas reclamações e queixas aos vivos e até impediriam os nossos esquecimentos?[38]

Em mente crítica e elegante, e também excêntrica, surgia a necessidade de bater de frente com a dura realidade da "publicação" de livro no Brasil oitocentista. Eram ainda impressos na França e de lá enviados ao Brasil, para a comercialização. Livros que gozariam de popularidade e até de imortalidade passavam antes pela divulgação sob a forma de folhetim, em papel-jornal. Não é outra a condição original das *Memórias póstumas de Brás Cubas*, como o foi das *Memórias de um sargento de milícias*.

À entrada da década de 1880, as *duas* corajosas divergências críticas machadianas — a externa à obra, de caráter nacional, e a íntima, consequência de autocrítica — estimulam Machado de Assis a escrever e a publicar o novo romance primeiro na *Revista Brasileira*.

Os folhetins serão reunidos em um único volume em 1881. O narrador de romance ganha mais graça se ele for menos pomposo e menos canônico, se obedecer menos à tradição poética do romance europeu e mais às característi-

---

[38] Na verdade, transcrevo as perguntas que são levantadas por Vinciane Despret, filósofa belga nossa contemporânea, no livro *Au bonheur des morts*, de 2015 (ed. bras.: *Um brinde aos mortos*. Trad. de Hortencia Lencastre. São Paulo: n-1 edições, 2023). No distante 1881, Machado teria se envaidecido com a justificativa que a filósofa apresenta: "[...] minha pesquisa gira em torno da maneira como os mortos entram na vida dos vivos; trabalho a inventividade dos mortos e dos vivos nas suas relações".

cas profissionais de um bom folhetinista brasileiro, em papel-jornal (nas redações de hoje ele seria o *cronista*, o intelectualizado e opinativo, como é o caso de Elio Gaspari, ou o frívolo, mero narrador/poeta de historietas do cotidiano, como o Joaquim Ferreira dos Santos).

Não foi outra a precursora intenção crítica do jovem Machado. Já em 1859, ele fazia lá as suas originalíssimas e expressivas especulações "nacionalistas" sobre o folhetinista europeu. Aos vinte anos de idade, levanta uma hipótese: caso aclimatado na *wilderness* brasileira, como pensaria, escreveria e atuaria o folhetinista europeu?

O Machadinho responde à pergunta que enuncia na crônica que publica no jornal *O espelho*. Salienta primeiro as qualidades do responsável pelo trabalho de escrita, o cronista, e menos as peculiaridades do próprio texto, a crônica. A matéria envolve o transplante para os trópicos de importante figura da modernidade europeia e por isso Machado busca expô-la por metáforas, campo onde se sente à vontade para tratar questões que se afirmam pelo contraditório, ou pelo paradoxo. Em voos e volteios semelhantes ao de um ágil e atrevido "colibri", a imagem já é dele, o folhetinista europeu teria de "aclimatar-se" nos trópicos.

(Observo que o colibri, pertencente ao gênero americano da família do beija-flor, é o único pássaro que consegue voar para a frente e para trás, à semelhança do jovem poeta da "Canção do exílio", Gonçalves Dias, a viajar de navio a Lisboa e voltar ao Brasil em poesia.)

Acompanho o argumento do jovem colunista do jornal *O espelho*. Para configurar a atividade múltipla do folhetinista há que deslocá-lo para o verde da *wilderness* brasileira, ainda que metaforicamente. Aqui instalado, se comportaria como o mais curioso e o mais liberto, o mais vívido e o mais alegre pássaro; aquele que, pelo bico, suga a beleza eterna das flores e, pelas asas, se afasta delas para disseminar as mais potentes e finas ideias pela esfera vegetal. Cito:

> O folhetinista, na sociedade ocupa o lugar do colibri na esfera vegetal; salta, esvoaça, brinca, tremula, paira e espaneja-se sobre todos os caules suculentos, sobre todas as seivas vigorosas. Todo o mundo lhe pertence; até mesmo a política.

Ao trabalhar com uma metáfora, o colunista já trabalha com um gênero literário, o folhetim, que será "inventado" de segunda mão, como o foram os gêneros considerados nobres ou sublimes. Necessário o alerta. Por ser imagem tomada de empréstimo à esfera vegetal, isso não significa que, nos trópicos, "em se plantando, tudo dá". O "pólen" oferecido pelo colibri não se aclimata como se mero presente da natureza universal, e há uma razão para tal. Do suor do trabalho introspectivo e reflexivo nenhum folhetinista brasileiro, se sentado à escrivaninha do seu escritório, escapa — a não ser aquele que é um medíocre *copista* de textos alheios.

> Uma das plantas europeias que dificilmente se tem aclimatado entre nós é o folhetinista.

O cerne da dificuldade de aclimatação está no duplo sentido do voo do colibri, para a frente e para trás. Está nas contrariedades e nos impasses da *harmonização* do duplo movimento. O colibri avança, o bico suga o pólen da flor. Ele se distancia, as asas disseminam o pólen na esfera vegetal. A mecânica dos movimentos não é tudo. Os movimentos são opostos no espaço e no tempo e as atividades visivelmente heterogêneas. O *bicar* letrado de flores selvagens, certamente europeizado, e o distanciamento do objeto e a escolha de flor a ser *polinizada*, em esforço de desconstrução do eurocentrismo, a fim de se evitar o gesto que permaneceria estéril, a constituir mera cópia.

As dores e as alegrias — o trabalho — do parto, escreve o Machadinho, como se estivesse a recordar Friedrich Nietzsche em "O que devo aos antigos", em *O crepúsculo dos ídolos*.[39]

Aclara-se a perfeição da metáfora do folhetinista. Ilumina-se a *gênese* de um "novo animal", o narrador brasileiro do romance que viria à luz em 1881. Cito Machadinho em 1859:

> O folhetinista é a fusão admirável do útil e do fútil, o *parto* [grifo meu] curioso e singular do sério, consorciado com o frívolo. Estes dois elementos arredados como polos, heterogêneos como água e fogo, casam-se perfeitamente na organização do novo animal.

Metafórico, o pássaro brasileiro se alimenta e se distancia da realidade europeia; na rotina das atividades que tem de exercer de segunda mão, mas em plena consciência do ato político a que se entrega, ele ganha no ambiente da esfera vegetal a configuração de um novo animal. Não um sabiá

---

[39] "Todo pormenor no ato da procriação, da gravidez, do nascimento despertava os mais elevados e solenes sentimentos. Na doutrina dos mistérios a dor é santificada: as 'dores da mulher no parto' santificam a dor em geral — todo vir-a-ser e crescer, tudo o que garante o futuro implica a dor... Para que haja o eterno prazer da criação, para que a vontade de vida afirme eternamente a si própria, tem de haver também eternamente a 'dor da mulher que pare'..." (Friedrich Nietzsche, *Crepúsculo dos ídolos*. Trad. de Paulo César de Souza. São Paulo: Companhia das Letras, 2006, p. 93).

a gorjear no alto da palmeira, mas um colibri, aprendiz de vampiro que suga sangue alheio para se robustecer e para enriquecer a floração. Um colibri a não fazer distinções apriorísticas, pois *tudo* — o sério e o frívolo — é matéria. "Até mesmo a política."

É bom ter em mente que *Memórias póstumas de Brás Cubas* será publicado 22 anos depois da crônica de *O espelho*, que analisamos. O quinto romance machadiano é o "novo animal" literário aclimatado, amamentado e crescido na *Revista... Brasileira*. Em fascinantes, sedutoras e infinitas harmonizações, ele é o dispositivo oriundo do parto admirável do útil e do fútil. Um parto excêntrico e singular do sério, consorciado com o frívolo.

Bem aclimatado sob a forma de um colibri, o folhetinista europeu se exibirá posteriormente (ou postumamente rs) como romancista nas livrarias afrancesadas da capital do Império. O narrador defunto, ainda e sempre um colibri de bico atrevido e de asas juvenis, velozes e travessas, um autêntico pássaro brasuca a entregar ao leitor um compósito (para retomar um vocábulo flaubertiano), naturalmente desengonçado, estapafúrdio e assombroso.

Na vitrine da livraria Garnier, situada na rua do Ouvidor, o romance aguardava os seus "ouvidores".

Que "ouvidor" seria este? Talvez Machado subscrevesse dois versos de Nietzsche/Zaratustra. Eles dizem: "odeio todos os preguiçosos que leem./ Alguém que conhece o leitor, nada fará pelo leitor". Quem sabe se não estivesse a prenunciar o teatro da crueldade de Antonin Artaud? Perguntado sobre se encenava peças para *seu* público, Artaud respondeu: "O público, é preciso em primeiro lugar que o teatro seja".

O leitor de Machado de Assis, é preciso em primeiro lugar que a literatura seja.

A prosa ficcional de Brás Cubas salta, esvoaça, brinca, tremula, paira e se espaneja sobre todos os caules suculentos, sobre todas as seivas vigorosas. No romance de 1881, na conversa preliminar do romancista com o leitor, estão às claras as inconveniências e a genialidade do parto em infindáveis harmonizações:

> Acresce que a gente grave achará no livro umas aparências de puro romance, ao passo que a gente frívola não achará nele o seu romance usual; ei-lo aí fica privado da estima dos graves e do amor dos frívolos, que são as duas colunas máximas da opinião. ("Prólogo" das *Memórias póstumas de Brás Cubas*)

Nem puro romance nem romance usual. Os dois, concertados. Pé cá pé lá. O leitor frívolo se compraz com a anedota e deve saltar, a conselho do narrador, todo o capítulo reflexivo intitulado "O delírio". Ao leitor grave agradam as partes reflexivas do romance (abandonadas pelo frívolo), mas se perde nos efeitos prazerosos de pura ficção. O "novo animal" cria um novo leitor. Seu codinome, beija-flor. Machado não busca um "julgamento" sobre o seu livro (sobre os fatos por ele narrados) que se sustentaria numa das duas colunas máximas da opinião. Faz o elogio da avassaladora singularidade democrática de um romance desconstrutor num país de escravos e de súditos. Lembra-nos Brás Cubas:

> [...] ao pé de cada bandeira grande, pública, ostensiva, há muitas vezes outras bandeiras modestamente particulares, que se hasteiam e flutuam à sombra daquela, e não poucas vezes lhe sobrevivem.

Desenvolvido em escrita literária castiça, o romance de 1881 é, no entanto, desavergonhado e autorreflexivo (exemplo de autorreflexão é o *inesperado* capítulo "O senão do livro" — e voltamos à questão do leitor).

Politicamente, a narrativa desconjuntada e divertida está às voltas com a descolonização tardia do Estado nacional brasileiro, tutelada pelos bragantinos e pelos senhores de engenho, e traz, também, alusões a mil e uma suculentas vidas nacionais e estrangeiras e apetitosas citações infinitas e vigorosas de centenas de obras alheias.

A nós, leitores frívolos-e-graves, sobram histórias-e-saberes.

No acúmulo, no excesso e até na sobra de histórias e de saberes, estão a trabalhar não só o motor que move a prosa abusada de Machado de Assis como ainda a argúcia teórica do romancista-crítico John Barth (1930–2024). Aproximemos o confiado do brasileiro ao temerário do gringo.

Nos anos 1960, o romancista John Barth escreve um longo ensaio a que dá o título de "A literatura da exaustão". Barth pertence à geração posterior à Segunda Grande Guerra. Já tem então uma obra romanesca que não mais se apoia na lição legada pelos grandes romancistas dos anos 1930, que o precederam, conhecidos como pertencentes à "geração perdida" (entre outras e outros, Ernest Hemingway, F. Scott Fitzgerald e William Faulkner). Na época em que a sociedade norte-americana ganha a preeminência econômica mundial e passa por inédito processo de educação universitária de massa, ele se arrisca a uma literatura que restringe a unanimidade nacional, dita a dos aliados que venceram as forças do Eixo, a fim de se liberar das fronteiras artísticas estreitas e se entregar a um trabalho em literatura universal.

Barth já tinha se infiltrado nos prosadores europeus do século XVIII, já tinha reconhecido o papel indiscutível exercido pelo contemporâneo Samuel Beckett, quando decide avançar pelos negligenciados romancistas e contistas que escrevem e publicam em espanhol e português, ao sul do gigante ao norte. Refiro-me ao argentino Jorge Luis Borges e ao brasileiro Machado de Assis. Julga-os também mestres.

Cito o parágrafo do ensaio sobre "a literatura da exaustão" no momento que o romancista/ensaísta faz a leitura do conto "A biblioteca de Babel", do argentino, e o transforma em motor da sua poética da ficção:

> [...] a biblioteca infinita de um dos contos mais populares [de Jorge Luis Borges] é imagem particularmente pertinente à literatura da exaustão; a "biblioteca de Babel" hospeda todas as combinações possíveis de caracteres alfabéticos e espaços e, por isso, de todo livro ou enunciado possível, incluindo as suas e as minhas refutações e reivindicações, a história do presente futuro, a história de todo futuro possível e, apesar de o conto não mencionar este detalhe, não só a enciclopédia de Tlön como a de qualquer outra palavra imaginável...

Em 1881, a boca do jovem crítico Urbano Duarte se calará definitivamente. Em plena modernidade e pós-modernidade, o conjunto ficcional machadiano se ostenta como um "novo animal", perfeita e luxuriosamente concebido na *wilderness* brasileira e na biblioteca de Babel.

Ao não se contentar com o *aquém* das fronteiras da *autonomia* nacional (a dimensão local), e por abrir espaço próprio e comunitário no *além* das fronteiras brasileiras (a dimensão planetária) com a finalidade de figurar a nossa futura *soberania* (o saber contido da biblioteca de Babel), o romance de 1881 *apreende inicialmente* a fascinante e desastrosa história e cultura do Ocidente, tal como expressa pela força civilizatória que alicerça a formação (*Bildung*) do colono e do cidadão brasileiro.

Concebido no interior do *emaranhado enciclopédico* do próprio romancista descendente de povo africano diaspórico e escravizado no Brasil, os cinco últimos romances de Machado passam a disseminar pelas terras tropicais o variado pólen coletado com as asas faceiras e generosas de um colibri.

Essa força civilizatória da obra de Machado (sem dúvida, universalizante e modernizadora), por se apoiar e manter a si como poder periférico estabilizador, se torna, com o correr do tempo, intolerante com os neófitos concidadãos americanos e crítica das leis e ordenações que castram as línguas, as etnias e as religiões estranhas ao Ocidente, embora sejam também *formadoras* do Estado nacional brasileiro.

Essa força civilizatória periférica, demasiadamente humana, por ser dolorosamente formativa de seres humanos (muitos não chegam a ter a condição de cidadãos) que são excluídos das violentas unificações na governança administrada pela colonização portuguesa dos trópicos, essa força civilizatória estranha, também estrangeira sem ser apenas europeia, sendo planetária, também originária sem ser apenas cabralina, sendo duplamente original, planetária e pré-cabralina, será assumida por Machado de Assis como o modelo universal (sem aspas) da literatura brasileira.

Essa força civilizatória original, demasiadamente humana e plenamente planetária, a reparar todas as injustiças que foram cometidas pela força centralizadora paralela e oposta, sempre vencedora e hegemônica, aquela força eurocêntrica que constitui, na Terra de Vera Cruz, uma governança por famílias aristocráticas (pelo mérito e não pelo sangue) e uma pequena burguesia autônoma e letrada (*Bildungsburgentum*), submissa ao regime de governo vigente, o monárquico-escravocrata, orientado desde 1757 por efeito da implantação das diretrizes dispostas no "Diretório dos índios".

Já no sétimo capítulo das memórias póstumas, "O delírio", Brás Cubas esclarece o quadro histórico universal, que estará a ser *desconstruído* nos muitos e sucessivos capítulos da narrativa de sua responsabilidade. O narrador-protagonista abandona a cidade do Rio de Janeiro e os seus meios de transporte individuais e coletivos, abandona o país periférico onde vive, e, para levar a cabo a longa jornada pelo espaço e pelo tempo do planeta, a que sua mente em ebulição noturna se entrega, tem de recorrer a outro e poderoso animal selvagem, agora a um hipopótamo, originário da *wilderness* africana. *Et pour cause...*

Brás Cubas toma assento no dorso de um incansável hipopótamo que em nada se assemelha ao jumento que o atira para fora da sela e quase o mata. Em volta ao passado da humanidade e em retorno ao seu futuro, grandes distâncias terrenas e marítimas serão percorridas tranquilamente por Brás Cubas no lombo do hipopótamo.

Narra-se inicialmente uma longuíssima viagem à origem dos séculos. Lá, sobrevive a ambígua e enigmática Pandora.

Ainda sentado no dorso do animal africano, com a leveza de um colibri a sugar o pólen das flores de locais e tempos imemoriais por que passa, o narrador-protagonista se prepara para viagem ainda mais longa, a de volta ao futuro. Pisa finalmente o último dos últimos séculos do planeta. Ali se "dará a decifração da eternidade".

Origem e fim. A máquina do mundo, poetaram Luís de Camões e Carlos Drummond de Andrade. Aleph, dramatizou Jorge Luis Borges em conto. No planeta Terra, arredonda-se o ciclo da Vida da perspectiva do Ocidente. Fecha-se também o ciclo de uma vida humana ocidentalizada no planeta.

Pandora, mãe e inimiga, tinha dito ao viajante Brás Cubas: "eu não sou somente a vida; sou também a morte, e tu estás prestes a devolver-me o que te emprestei. Grande lascivo, espera-te a voluptuosidade do nada". Pandora está a lhe explicar o sentimento responsável pelo "estatuto universal" válido para todo ser vivente:

> Egoísmo, dizes tu? Sim, egoísmo, não tenho outra lei. Egoísmo, conservação. A onça mata o novilho porque o raciocínio da onça é que ela deve viver, e se o novilho é tenro tanto melhor: eis o estatuto universal.

Espero demonstrar que o egoísmo criativo do descendente de povo diaspórico escravizado no Brasil ousará desconhecer qualquer forma de limite espacial e temporal pré-determinado pelo Ocidente nos seus esforços de colonização do planeta pós-renascentista. Entre a origem do Ocidente e o seu fim, na modernidade brasileira, Brás Cubas, precário e atrevido viajante/colibri, também original e eterno, se banha voluptuosamente no nada — no tão evidente ceticismo/sorridente da sua prosa ficcional — para apreender o todo planetário da Vida humana na biblioteca de Pandora.

Na verdade, a literatura da exaustão machadiana se escreve na biblioteca de Pandora.

Segundo folhetim

Derivada das divergências universalizantes assumidas por Machado de Assis em 1881, a lógica da suplementariedade torna-se fundamento da desconstrução do eurocentrismo

Machado de Assis é inesgotável. Na prosa literária do século XIX, inventa *subterfúgios* para a caracterização de seres humanos, subterfúgios de teor cultural, histórico e político que visam a retirar a *construção* da (sempre adiada) *soberania* nacional de violenta *referência*, não só à colonização *europeia* como à *força formativa* (*Bildung*) *do cidadão periférico,* referência centrada no Ocidente e por ela consequentemente delimitada no devir.

A fertilidade na formação do cidadão letrado brasileiro tem decorrido e ainda decorre da abundância e da diversidade do eurocentrismo cultural, imposto a todo e qualquer ser humano nascido e criado no território do Novo Mundo, e ainda ao ser humano diaspórico aqui instalado como cidadão brasileiro. De maneira indistinta, a força cultural autocentrada na Europa obriga a todas e a todos a viverem *modernamente*[40] sob o regime de governo monárquico e na ordem social escravocrata.

Já egoísta por Natureza (ensinamento contido no ideário de Pandora) e por desejo de autodidata (instruído que

---

40 Aqui, o advérbio *modernamente* configura anacronicamente o *tempo presente* de Machado de Assis e, em especial, se refere a 1881, data da publicação do romance.

é pela biblioteca de Pandora), o narrador/protagonista das memórias póstumas aposta no ímpeto subjetivo de cidadão, se arrisca pelos desvios e pelos suplementos socioeconômicos e políticos decorrentes do *emaranhado* cultural de que constitui para dele se valer e se exceder aos contemporâneos. Torna-se excessivo na década de 1880 e no seu século. O romance de 1881 se transforma, na condição de referência na *contemporaneidade* (refiro-me agora à *modernidade* do leitor deste ensaio), em um dos mais preciosos exemplos a participar do grupo dos precursores da atitude "filosófica" instituída por Jacques Derrida ao final da década de 1960 e nomeada como *ato de leitura desconstrutora dos centramentos que fundamentam o Ocidente como a fonte única do saber universal*.

Jacques Derrida nos antecede desde o final dos anos 1960. O filósofo franco-argelino se entrega, desde os vários ensaios hoje clássicos reunidos em *A escritura e a diferença* (1967),[41] ao trabalho de desconstrução dos centramentos autoritários e excludentes (o logo-, o etno-, o falo- e o fono-*centrismos*). Esses centramentos são os *responsáveis, na expansão planetária da metafísica ocidental, pela imposição de valores hegemônicos de pensamento e de ação*, autoavaliados como os únicos de sentido e valor histórico positivos. Para tomar posse dos primeiros detalhes da argumentação derridiana, convido o leitor a se familiarizar com outro dos seus ensaios, "A farmácia de Platão", hoje na coleção *La Dissémination* (1972).[42]

---

41 Cito o título dado à tradução brasileira de um dos primeiros e mais influentes livros publicados pelo filósofo.
42 Há tradução em português: *A farmácia de Platão* (Iluminuras, 1991). Neste ensaio, *disseminação* tem sentido semelhante ao que é dado à atividade do colibri a *disseminar* o pólen ocidental pela *wilderness* brasileira.

Tentarei ser preciso e contundente nas futuras citações da obra literária de Machado de Assis. Em análise de texto, detalhes deverão demonstrar ao nosso leitor que o romancista e contista carioca *hospeda* (para o significado do conceito de *hospedagem*, v. *Fisiologia da composição*, deste autor) nas suas tramas ficcionais uma variedade quase infinita de livros, de recursos estilísticos e de figuras humanas que desnorteiam as fronteiras semânticas estreitas tal como estabelecidas pela colonização ocidental.

(Acertadamente, o romancista John Barth, autor do ensaio "A literatura da exaustão", foi leitor e admirador de Machado de Assis, como pude comprovar nos poucos anos que convivi como colega dele na Universidade Estadual de Nova York em Buffalo. Numa das nossas conversas, ele me afirmou que a leitura de Machado foi de grande importância na realização do seu primeiro romance, *A ópera flutuante*, de 1956.)

Em ainda rápido levantamento na leitura da ficção de Machado de Assis, monto inicialmente um pequeno e instrutivo elenco de incursões e hospedagens em experiências de vidas não ocidentais. Elas serão desenvolvidas no decorrer das futuras análises e explanações.

Ei-lo. Destaco no capítulo 49 das *Memórias póstumas*, "A ponta do nariz", um dervixe sufi. Um faquir ganha particular atenção de Brás Cubas ao querer se distanciar de ensinamento de Voltaire, para quem o nariz serve apenas de apoio para os óculos. O faquir reflete, mirando a ponta do nariz e deitado em tábua recoberta de pregos. (A imagem é óbvia em análise da descendência étnica do escritor carioca.) Leia-se também o capítulo 18, "Visão do corredor", e muito se pode aprender sobre as brincadeiras apimentadas (*marivaudages*) do amor com um pobre namorado extraído de um dos relatos "Os irmãos do barbeiro", de *Mil e uma noites*.

Já me referi aos narizes não ocidentais que aparecem em conto-pastiche de narrativa escrita por viajante português, publicado ao mesmo tempo que as memórias póstumas. No conto, o famoso apêndice reaparece como semelhantes aos dos povos orientais, cujas respectivas "pontas" foram decepadas pelas espadas dos colonizadores lusitanos no Oriente, tal como se encontra descrito no clássico português *Peregrinação* (Lisboa, 1614), de autoria do navegador Fernão Mendes Pinto. A ponta do nariz perdida pelos orientais é elevada, como no capítulo 49 das memórias póstumas, à experiência humana da mais alta espiritualidade graças às artes secretas de um bonzo. Para o leitor se adentrar nessa intriga, é necessário que leia antes "O segredo do bonzo", que se apresenta ao leitor sob a forma de conto machadiano, cuja proposta de escrita é ser um "capítulo inédito", pastichado, daquele clássico da literatura portuguesa. O "capítulo inédito" seria incluído entre outros dois "verdadeiros", devidamente sequenciados,[43] do volume tal como publicado. Que o meu leitor se entregue ainda ao conhecimento de heróis mouros como Massinissa.

A variedade nos exemplos *dramáticos universalizantes* (eles não são só referenciados, apenas citados, advirto) de descentramento não para aí. No momento, apresentei uma amostra.

As duas divergências críticas machadianas — a externa à obra, de caráter nacional, e a íntima, consequência de au-

---

43 Acredito que esteja claro que a noção de inédito, tal como trabalhada no conto-pastiche, é também exemplo de suplementariedade, e não de mera complementariedade, ao livro do navegante e escritor português. Uma leitura crítica, um ensaio sobre o livro, traduz sempre uma atitude complementar a ele, como se esclarecerá adiante no caso de Bougainville e Diderot.

tocrítica, encaminham o leitor para uma nova experiência de leitura de ficção. A intenção do romancista Machado de Assis é a de *desnortear*, a de *desbussolar* (o neologismo faz sentido) o leitor brasileiro de uma *ancestralidade* ocidental única e exclusiva — a tradição greco-romana e europeia, já devidamente acentuada por Joaquim Nabuco na inauguração da Academia Brasileira de Letras (v. nota 37, p. 78).

Se buscado em letra de imprensa e na literatura de Machado de Assis, o *desbussolamento* não é tão evidente à primeira vista. O hábito faz o monge. E até os melhores leitores. O desbussolamento na leitura do mapa planetário já chega *recalcado* no texto ao leitor. Chega embuçado na sua aparente visibilidade, tal a força secular de *convencimento* do cidadão letrado pós-renascentista pelo efeito do *norteamento* único pela crescente e maciça ocidentalização do mundo.

É, pois, com cuidado e esmero que me dedicarei a uma leitura intertextual atenta e reflexiva sobre os limites do Ocidente (em particular, na obra de Machado de Assis). Se conseguir impor o indispensável recurso à intertextualidade na leitura crítica e desconstrutora do romance machadiano, pisarei e pisaremos o caminho que escapa ao "hábito do monge".

***

A *desconstrução* raramente se faz pela leitura de um só livro, daí que o jogo entre textos que se referenciam — sem se reverenciarem um ao outro — define o campo de trabalho e de estudo. Numa biblioteca, textos de diferentes autores e muitas vezes de épocas diferentes ficam à espera de um leitor desconstrutor estabelecer um relacionamento desconstrutor que ponha em questão os fundamentos ultrapassados de um deles. Eis a razão que, no trabalho de desconstrução do conceito de "universal" em arte, me sinto impelido fatalmente à metodologia crítica da literatura comparada.

O segundo dos dois livros postos em destaque e em jogo pela atividade desconstrutora não *complementa* a leitura do primeiro, e vice-versa. Dou como exemplo a inesperada reflexão do filósofo Denis Diderot intitulada *Suplemento à viagem de Bougainville*, datada de 1773. O título escolhido por Diderot já informa que a reflexão filosófica a que se dedica tem como referência precisa uma narrativa publicada anteriormente, a *Voyage autour du monde*, de responsabilidade do navegador e escritor francês Louis Antoine de Bougainville, publicada em 1771. Dois anos separam um do outro, mas isso é menos importante como dado que o fato de o posterior se referir nominalmente ao anterior.

O segundo livro não tem a finalidade de *complementar* o primeiro. *Suplementa*-o, já diz o título. Trata-se de lógicas distintas no relacionamento crítico, situação privilegiada para quem se interessa pela atividade de desconstruir.

Na literatura comparada *tradicional*, a leitura crítica das obras complementa a compreensão que se tem ou se deve ter de determinados textos postos em jogo elucidativo. Na literatura comparada *desconstrutora*, a leitura crítica *suplementa* o entendimento que ainda não se tem e se pode ter de determinado texto caso os fundamentos da obra a ser analisada tenham os seus fundamentos teóricos e/ou ideológicos questionados.

No caso da leitura tradicional, a *especificidade* do primeiro texto permanece intacta, a obediência do crítico é total à textualidade original. O leitor trabalha com texto que quer significar ainda mais a si mesmo, já que se expressa por linguagem fonética que nem sempre explicita tudo o que tem a dizer. A tarefa desse leitor é a de chegar a complementar o livro que lê e analisa.

O leitor desconstrutor dá como assegurado que o texto que ele põe em jogo na análise que dele faz, no texto que escreve, tem significado completo e já consagrado pela tradição (não requer complementação). O desconstrutor parte de um pressuposto inalienável, os dois textos, o já-escrito e publicado, a narrativa da viagem, e o que se escreve, a reflexão filosófica, se mantém no processo de análise dentro da respectiva especificidade. Narrativa de viagem e reflexão sobre ela são comunicáveis entre elas pelas questões que colocam; são incomunicáveis entre eles pelas respostas distintas que dão às questões que colocam. Daí que a narrativa da viagem — a ser desconstruída — se deixe abrir no seu corpo textual pelo bisturi do desconstrutor em trabalho de suplementação.

A narrativa da viagem de Bougainville *não é somada organicamente* à reflexão filosófica de Diderot. Se narrativa e reflexão são postas uma ao lado do outra, o produto comum não *se perfaz por duas metades que se complementam com vistas a um todo*, mas *se perfaz por uma nova contabilidade, em que dois todos se agenciam por diferença, isto é, por suplementação*. Chega-se à conclusão de que o filósofo Diderot intenta se responsabilizar pelo todo do exercício de desconstrução, a questionar o fundamento e a finalidade de "uma viagem ao redor do mundo" que energiza algo ali presente, mas que permanece enigmático porque ainda não devidamente elucidado.

O enigma, visível na desconstrução, se deixa focar pela expressão de uma das forças civilizatórias impositivas, derivadas das grandes navegações modernas, cuja principal finalidade é a de operar o centramento pelos valores da Ocidentalização das diferentes sociedades esparramadas no mundo. O efeito desconstrutor — a apresentação do enigma como uma nova e brutal questão — nunca seria evidenciado numa leitura tradicional da narrativa de Bougainville. Ela apenas ratificaria a inevitabilidade do *à venir* da condição eurocêntrica nas diferentes sociedades humanas.

A desconstrução parte em geral da leitura simultânea de dois livros, embora possa partir da riqueza semântica de um único vocábulo textual, como é o caso de *phármakon* ("veneno" e/ou "remédio") no diálogo *Fedro*, de Platão. Ele é usado numa pequena fábula que narra a invenção da escrita pelo homem.

O diálogo platônico desclassifica a escrita (veneno) e favorece a fala (remédio) como meio ideal de comunicação entre os homens. Nesse sentido, o vocábulo *phármakon* pode ser considerado como um *todo* mal resolvido, incompleto, paradoxalmente, à espera da desconstrução.

A metáfora que elucida a invenção da escrita traz em sua argumentação um todo de valor discutível. O vocábulo metafórico pode, ao mesmo tempo, significar *veneno* e *remédio* na "farmácia metafísica" de Platão. Se se calcifica o seu significado por veneno é porque se deseja que o significado da atividade que ele metaforiza, a escrita humana, se transforme em algo digno do desinteresse de todos. No campo do saber, a desclassificação favorece a hegemonia da fala humana. E esse princípio, evidentemente preconceituoso, vai calçar a reflexão e o saber metafísico pelo logocentrismo.

Portanto, o "diálogo" (dois ou mais sujeitos juntos às respectivas falas, presentes, cada um o proprietário da própria fala, a excluir a todos os não presentes no trabalho de pensar) vai receber de Jacques Derrida uma leitura desconstrutora que visa a valorizar o significado metafórico não evidente do vocábulo *phármakon*, o de *remédio*, atributo responsável pela valorização, em confronto, da fala humana.

A noção platônica de "diálogo" se desconstrói por uma das metáforas do texto girar em torno de si mesma.

E se a escrita humana não fosse veneno, mas remédio para a boa e eficiente comunicação humana? Eis o valor da desconstrução na "farmácia metafísica" de Platão.

Se a escrita humana fosse tida como um remédio, não se estaria abrindo o ato de pensar aos não presentes NA fala, por exemplo, ao LEITOR. Ele próprio, Jacques Derrida, leitor desconstrutor da *escrita* platônica.

Nenhum de nós, leitor, jamais foi excluído da polis grega onde foram falados e escritos os diálogos platônicos.

***

Antes de me dedicar a Machado de Assis na sua biblioteca de Pandora, tomo como exemplo de leitura desconstrutora a reflexão clássica de Diderot na biblioteca renascentista e o primeiro grande ensaio desconstrutor de Jacques Derrida na biblioteca greco-latina. Minha intenção é a de explicitar filosoficamente a noção de suplementariedade como eficiente andaime no trabalho de construção a que nos dedicamos, o da montagem em praça pública de *O grande relógio*, mas no tempo e no espaço que escapa ao meridiano de Greenwich, o da leitura.

O suplemento desconstrói as *certezas* estabelecidas por uma viagem ao redor do mundo que, por ser exemplo próximo a outras viagens que fazem parte deste ensaio, amplia o mapa estreito das viagens renascentistas comandadas por Vasco da Gama e por Pedro Álvares Cabral.

O livro publicado é um todo (Bougainville é o autor da narrativa marítima) que se deixa *suplementar* por outro todo (Diderot é o autor da reflexão sobre a viagem colonizadora). A leitura desconstrutora de um texto autoral por semelhante-e-diferente texto autoral se dá no movimento das abas da porta em vai e vem. Ela se dá num *lugar* que é preposicional e num *movimento* que é verbal, *entre*. Entre num, saia no outro. Saia daquele em que entrou e reentre no anterior. É assim, *ad infinitum*, que se dá a leitura contrastiva.

O livro que se escreve pela leitura trabalha a *semelhança* e a *diferença* que mantém em relação ao livro lido. A leitura suplementar se abre no lugar e no tempo da *diferença*, "conceito" evidentemente de inspiração derridiana, ou seja, de ordem desconstrutora. Ao negligenciar as evidentes semelhanças que mantém com o livro lido de Bougainvile e ao se diferençar radicalmente dele pela leitura em desenvolvimento, divergente, a reflexão filosófica subscreve a viagem colonizadora para desconstruí-la. Coloca em questão o sentido da viagem colonial a fim de desconstruí-lo por observações filosóficas temperadas por intervenção ética (ou "moral", se me apoio no vocabulário do autor).

A noção de universal, se referida pela descrição da ação física de um marinheiro francês no Pacífico Sul, o assassinato de um nativo por uma ninharia, se explica pela abrangência semântica avassaladora do significado de *posse* tal como significado no Ocidente. (A noção de posse ao se universalizar pode ser desconstruída e, nesse momento, passa a merecer aspas.) A aceitação do assassinato de um nativo por uma ninharia se afigura ao leitor Diderot como um ato de colonizador europeu digno da maior crítica. Ele enxerga uma ameaça em qualquer movimento que escape à sua compreensão de comportamento social e julga suspeita a cobiça dos nativos. Descrito por Bougainville, a ação humana, o ato colonial francês, fica à espera do significado suplementar.

Ele será dado a ele e a nós por um dos seus primeiros leitores, o filósofo Diderot. A ação física do marinheiro não é universal (sem aspas) porque corresponde tão somente à atitude humana corriqueira no decurso dos processos de colonização por que passam e continuarão a passar, desde as grandes viagens marítimas da Renascença, às demais regiões não ocidentais do planeta.

Apesar de o navegante e o filósofo trabalharem enquadrados pela *mesma* e ampla dimensão planetária, eles pensam o *universal* em *contraditório*, derivado da superioridade de um sobre o outro que é construída sob a forma de diferença. A diferença, peça fundamental na constituição da hegemonia de um grupo sobre o outro, é descontruída pelos argumentos filosóficos, evidentemente a contrapelo.

Nos dois livros, tanto no plano da organização geográfica do planeta como no da compreensão da igualdade entre os seres humanos, salta à vista o sentido que se dá ao ato de possessão de alguma coisa por um e não pelo outro, que a "cobiça" indevidamente. Desconhecidos se definem como diferentes e contrários por efeito do imperativo da posse. Seja a posse de um objeto por um indivíduo que não o pode ter como seu, seja a posse de uma terra estranha por poder constituído como além das fronteiras comunitárias. No primeiro caso, qual é o significado de propriedade de um objeto se ele for tomado como contrapartida pelo nativo ao viajante? No segundo caso, qual é o significado de propriedade de uma terra estranha ao Ocidente se ela for tomada colonialmente por um europeu? Está em jogo o compartilhamento de algo. Estão em jogo, num dos planos, a solidariedade e a cidadania e, no outro, a paz e as nações unidas.

O subtítulo do livro de Diderot já diz o essencial: "Sobre o inconveniente de relacionar ideias morais a certas ações físicas que não as comportam". O livro fala de uma terra selvagem que está sendo "descoberta" e que ganharia importância mundial se "civilizada" pelo Ocidente.

Evidentemente publicado na pátria francesa, o relato da viagem dos colonizadores ao redor do mundo tem por data o início da era imperial, ou melhor, o início do fim da época colonial. Ali estão estabelecidos o *lugar* e o tempo de que se vale Diderot para contestar, ou, se atualizamos o verbo, para desconstruir as *certezas morais etnocêntricas* que são divulgadas ingenuamente (ou em estilo descritivo) pelo matemático e navegador Bougainville. Na agenda metropolitana, o filósofo insere a questão do valor relativo de certas ações físicas sobre as quais a civilização ocidental se funda no decurso do violento processo de colonização das regiões não ocidentais do planeta. As mais poderosas nações do Ocidente têm tomado *posse*, têm-se apropriado de outras terras, da mente e do corpo de outras gentes, pela imposição de seus próprios e bons valores civilizacionais e de muitos outros valores, desastrados e desastrosos.

Já no século XVIII francês, a *cegueira* etnocêntrica tal como descrita por Bougainville é suplementada pelo *respeito* ao *Outro* proposto por Diderot.

Em determinada passagem do suplemento ao relato de viagem, o filósofo cita uma conversa entre o navegador europeu e um velho polinésio. O colonizado faz ao colonizador europeu a pergunta ditada pela confiança depositada nos homens estranhos e na amizade demonstrada a eles pelos nativos: Por que você matou o taitiano que veio ao seu encontro, que acolheu a você na cabana dele, que o recebeu aos gritos de "*Taïo, taïo*, amigo, amigo", que lhe emprestou mulher e filhas para o sexo?

O texto de Diderot, ao endossar os termos da pergunta feita pelo velho polinésio, reclama uma reflexão sobre o assassinato, que suplementa o texto descritivo de Bougainville. A razão para o crime cometido pelo marinheiro se justifica como resposta ao ato que transgride a posse de um objeto quase insignificante. Surpreende a contradição entre os extremos: o viajante francês assassina o nativo por ele lhe ter "furtado" algumas ninharias. Na coluna de crédito, favorável ao nativo, não constam as dádivas e mais dádivas oferecidas aos estranhos durante a estada deles na ilha distante da civilização. A ação física de um, o *furto*, como o qualificamos, não comporta a ideia moral de infração ou de crime, a ser punido por ação semelhante e fatal — o *roubo* de uma vida humana. Certas ações físicas não comportam tal julgamento moral.

Conclui Diderot que o furto de objeto e o roubo de vida humana não merecem julgamento moral idêntico. Um ato é provisório e se explica por hábito comunitário e o outro, absoluto, é da responsabilidade da justiça dos homens. Furto de objeto e roubo de vida humana — na visão do marinheiro descrito por Bougainville — são equivocadamente julgados como semelhantes. Algumas ninharias e uma vida humana são equacionadas pela noção eurocêntrica de *propriedade* (sobre as coisas e sobre os seres humanos), inexistente enquanto tal entre os povos originais dos mares do Sul.

E também entre muitos outros povos originários do norte da África, como se lê, em cena semelhante, mas de final diferente, no romance *O imoralista* (1901), de André Gide. É o caso do "furto" por um garoto árabe de um par de tesouras enferrujado. A criança, embora tenha agido às escondidas, não será punida. No romance *Os moedeiros falsos* (1925), André Gide reescreverá cena semelhante. Retomada em Paris, some a tesoura enferrujada e cresce a presença de um livro numa livraria. O personagem não é mais um garoto árabe, é um menino da alta burguesia francesa. Às escondidas, ele surripia um guia da Argélia. O observador o segue com os olhos e tampouco o pune, entregando-o ao dono da livraria. Sente admiração por ele.

Fascinante para o raciocínio que vimos se desenvolvendo é o fato de que, na época da redação do romance *Os moedeiros falsos*, o romancista vai se lembrar da leitura que tinha feito do *Suplemento à viagem de Bougainville*. Quem observa isso é o crítico norte-americano G. Norman Laidlaw. Em estudo comparativo entre Diderot e Gide, *Elysian Encounter* (1963), ele anota:

> Em algumas outras páginas, datadas de 1911, Gide cita a definição que Diderot dá de ideias morais [*manners*] como formas de submissão e de conduta consistentes com boas e más leis. A frase citada foi extraída do *Suplemento à viagem de Bougainville*, livro escrito como uma espécie de diálogo sobre a inconveniência de relacionar ideias morais a certas ações físicas que não as comportam. Tanto o subtítulo como o argumento do livro (alguns selvagens adotam melhores noções sobre costumes e constrangimentos que os franceses) devem ter agradado, tanto quanto as ideias morais, ao autor de narrativas/problemáticas como *O imoralista*, *A porta estreita* e *O retorno do filho pródigo*.

Por que não tirar os olhos dos marinheiros franceses do século XVIII e voltá-los para os marinheiros portugueses no ano de 1500?

Saliento o comportamento dos indígenas do Novo Mundo e dos marinheiros portugueses na terra então apelidada de "Vera Cruz".

Por que não levar indígenas/originários e marinheiros/colonizadores de volta aos atuais e indignados cidadãos brasileiros descendentes dos povos originários?

E a não me desmentir lá está um exemplo precursor do relato de Bougainville na *Carta* (1500) escrita por Pero Vaz de Caminha ao rei d. Manuel, o Venturoso.

Trazido à caravela de Pedro Álvares Cabral, um dos indígenas da região de Porto Seguro enxerga certos objetos que lhe seduzem a vista e o tato. E os toma para si. Quer carregá-los para a terra. Na famosa *Carta*, o escrivão da armada observa que se trata de algumas contas de um rosário que o indígena logo "lança ao pescoço" como se fossem espécie de colar. Acende-se o sinal vermelho. Precavido, o escrivão acrescenta: "Mas se ele [nativo] queria dizer que levaria as contas e mais o colar [para a terra], isto não o queríamos nós entender, porque não lho havíamos de dar".

Os marujos não retribuiriam com meras "contas de rosário" a acolhida cordial dos indígenas, ou as informações recebidas sobre ouro e prata existentes na terra e, ainda, a contrição de todos os presentes durante o sacrifício da missa rezada na praia.

Em contraponto notável, os indígenas vão-se desarmando.

Dia após dia, vão deixando de lado o arco e a flecha —, lê-se também na *Carta*.

Denis Diderot alarga o sentido dos exemplos retirados do relato de Bougainville e da carta endereçada ao rei português, respectivamente. Por que é tão forte o sentido de *propriedade* na França do século XVIII e em Portugal do século XVI?

Fascinante é o fato de que, com o correr dos séculos, a pergunta suplementar do filósofo venha a ganhar mais e mais sentido entre os cientistas sociais. Ela preanuncia o Engels da *Origem da família, da propriedade e do Estado* (1884). Em outro contexto e já avançando para o século seguinte ao de Diderot, ela preanuncia os romances que vão de *Madame Bovary,* de Gustave Flaubert, a *Dom Casmurro,* do nosso Machado. Muitas mulheres assumem o papel de objeto apropriável pelos respectivos maridos e perguntarão em uníssono sobre as implicações domésticas da noção de patriarcalismo defendida pelos homens, já então adjetivados de machistas. E, ao final da lista, não esquecer um romance mais recente, o *S. Bernardo*, de Graciliano Ramos.

Nos dias de hoje e no contexto da carta ao rei lusitano, estão aí os resistentes sem-terra. São elas e eles que não nos deixam mentir. Os povos originários no Brasil têm hoje as suas legítimas reivindicações territoriais em julgamento na Corte Suprema da nação.

Retomo o ensaio de onde ele deveria ter continuado.

Machado de Assis, à semelhança do filósofo Denis Diderot no *Suplemento à viagem de Bougainville*, não *complementa*, com o conto "O segredo do bonzo", o clássico *Peregrinação*, de Fernão Mendes Pinto. Excede-o, suplementa-o, em conto de composição singular e original, tão atrevida quanto a do romance das memórias póstumas. Incluído na coleção de contos *Papéis avulsos* (1882), "O segredo do bonzo" se autodefine como "Capítulo inédito de Fernão Mendes Pinto".[44]

O texto do conto machadiano se torna ainda mais extraordinário por se tratar de exercício de *pastiche* — uma forma delicada e sutil de "cópia" ou de "furto artístico", de que Marcel Proust não se eximiu — no bem-comportado século XIX brasileiro. Por a escrita da literatura brasileira

---

[44] Na crítica literária brasileira há uma vasta e rica bibliografia sobre o *horror* (a retomar a célebre frase de Joseph Conrad) na leitura da *Peregrinação*. Essa crítica é complementar e não suplementar, atente-se. Posteriormente, a partir do contexto das memórias póstumas, apresentaremos a análise detalhada do texto de Machado em questão.

ser sempre de segunda mão, todos os nossos escritores estão sempre a fugir do "furto artístico", ou do plágio, para ser contundente, como o diabo da cruz. Permanece o fantasma da "cópia". Uma vez mais, Machado se trai, agora em 1899, quando está a terminar *Dom Casmurro*. Escreve sobre Almeida Garrett (ou se confessa):

> Garrett, posto fosse em sua terra o iniciador das novas formas, *não foi copista delas* [grifo meu], e tudo que lhe saiu das mãos trazia um cunho próprio e puramente nacional. Pelo assunto, pelo tom, pela língua, pelo sentimento era o homem da sua pátria e do seu século.

Em Machado, a opção por pastiche visa, como vimos salientando, a questionar, por um *detalhe desconstrutor* — é inconveniente relacionar ideias morais a certas ações físicas que não as comportam. No caso, o detalhe singular dos seres humanos asiáticos e africanos que se torna objeto da fúria dos colonizadores é o cognominado "nariz de batata". No processo de colonização cristã dos orientais, esses narizes, acompanhados das orelhas, são decapitados por parte da marujada europeia. Narizes e orelhas são simplesmente guilhotinados pelas espadas torturadoras.

No conto, não fala o padre jesuíta, fala o bonzo. Ele guarda um "segredo": inventa um nariz artificial que suplementará, no rosto, o nariz decepado.

Na leitura da prosa ficcional de Machado de Assis, o *suplemento* à noção de universal corresponde ao movimento político-social e cultural de *descolonização* na contemporaneidade. A prosa ficcional machadiana estabelece e propõe a recomposição planetária do conceito de universal, exigindo as aspas em "universal", quando o conceito ainda se referia apenas ao exclusivismo ocidental na formação educacional e artística do colono.

Além de desengonçado, autorreflexivo, estapafúrdio, assombroso e hospedeiro de vidas heroicas e de textos clássicos, o romance de 1881 é também, à sua época e hoje, *excêntrico*, em todos os sentidos do adjetivo. As estranhezas implantadas pelas memórias póstumas nas literaturas nacionais periféricas, se trazidas à tona, são logo domesticadas pela crítica e pela história literária conservadora. A insubordinação machadiana tem sido tão domesticada quanto a *wilderness*, se examinada em contexto regionalista, que está representada no romance *Grande sertão: veredas*, publicado nos anos 1950.

A obra-prima de Guimarães Rosa, em virtude da *ferocidade* nela dramatizada com rigor barroco, suplementa a *euforia* desenvolvimentista do governo Juscelino Kubitschek.

Terceiro folhetim

O emaranhado machadiano. Se compreendido da perspectiva do "grande relógio" (Nietzsche) ou da "longa duração" (Braudel), se apresenta como matriz literária da escrita ficcional que desconstrói o eurocentrismo prevalente na colonização

Ai, pobre Cacambo nosso! Sabes que é o nome daquele índio que Basílio da Gama cantou no Uruguai. Voltaire pegou dele para o meter no seu livro, e a ironia do filósofo venceu a doçura do poeta. Pobre José Basílio! Tinhas contra ti o assunto estreito e a língua escusa.

MACHADO DE ASSIS
Esaú e Jacó, "Um Eldorado"

Os cinco últimos romances machadianos apresentam, na análise das respectivas composições, habilidade artesanal e recurso retórico que, associados, vão distinguir o romancista da maioria dos contemporâneos latino-americanos. Com naturalidade e constância, a trama dramática de todos *se hospeda* em vidas e obras alheias, nacionais e estrangeiras. À medida que o leitor se sensibiliza pela relevância do recurso retórico e pela habilidade do romancista, a acolhida em *hospedaria* doméstica ou estrangeira do texto nacional se lhe apresenta como inesperadas e indispensáveis *inserções*, responsáveis por curtas ou longas *digressões*.

Na maioria dos casos, os efeitos de *hospedagem*, essas inserções e digressões, *deslocam* para outros espaços e outras geografias e, ainda, para outras personalidades humanas a condição propriamente brasileira da literatura que se escreve no Brasil, em particular no século independentista. As mais ousadas digressões oferecem à composição ficcional a possibilidade de se significarem (para o leitor atento) em coordenadas geográficas e históricas estrangeiras, que podem ser contemporâneas do romancista ou anacrônicas. Espacial e temporalmente, as digressões hospedeiras ampliam não só a análise dos protagonistas e dos personagens, como a leitura e a interpretação da trama romanesca.

De maneira intermitente, os últimos cinco romances machadianos passam a oferecer a quem deles se aproxima enigmáticos e multifacetados, incômodos e perturbadores contextos universalizantes, de natureza cultural ou ideológica.

Se a maioria das inserções fossem reunidas em *separata* (artificialmente, é claro), o desengonçado, elegante e original *conjunto* de registros representaria um *acúmulo* singular e certamente desconcertante da erudição do artista carioca, um autodidata descendente de povo diaspórico africano escravizado no Brasil. Torna-se evidente que o acúmulo de saber, recôndito a princípio, mas sempre à luz do texto ficcional, será de grande ajuda na leitura desconstrutora a ser propiciada pelo romance machadiano e, por isso, caso essa *separata*, um conjunto expressivo de livros, seja posta em confronto com a biblioteca pública moderna, associada inicialmente à universidade (é o caso da Sorbonne, em Paris) ou ao Estado nacional (as muitas bibliotecas nacionais), deve ser nomeada de outra maneira.

Empresto a ela, ainda que o conjunto seja uma organização artificial, a merecida importância, apelidando-a de *emaranhado* e lhe atribuindo o adjetivo *machadiano*.

O emaranhado machadiano, resultado da erudição singular e desconcertante de um grande escritor brasileiro, situado na periferia europeia, é trançado no texto artístico e ensaístico por quantidade excessivamente significativa de sofisticadíssimas leituras do autor, merecedoras de referência precisa ou alusiva, só aparentemente gratuitas ou arbitrárias. Todas as leituras são prováveis e contundentes e trabalham em favor do esforço de convencimento do leitor pelo narrador, ou até pelos personagens.

Há um dedo zeloso — o de um ser humano de ouvido fino, com desprezo pela tristeza e com preferência pelo sorriso, marcadamente irônico ou cético — a apontar e a escolher com destreza e cuidado a *hospedaria* mais certeira, por isso mais afim, ao momento e lugar de sua inserção em passagem ou capítulo de obra ficcional ou poética, em ensaio ou resenha.

Curtas ou longas, as hospedarias vivenciadas e saboreadas em prosa ficcional pelo narrador, protagonista ou personagem, se analisadas do ponto de vista da economia textual e das diferentes repercussões semânticas, úteis na compreensão da obra machadiana, são sempre núcleos *formalmente* semelhantes, inserções, mas ricos de diferentes sugestões interpretativas.

É impossível imaginar o que seriam os últimos romances machadianos sem o emaranhado que acompanha a cada um em particular e a todos. Um exemplo. Como trabalhar o processo de autorreflexão do ser humano — principal fator da invenção de uma moderna narrativa de introspecção, como estamos tentando provar — sem se dar conta de que o narrador/protagonista das *Memórias póstumas de Brás Cubas* rechaça — por que razão? — os berços clássicos da introspeção, o greco-latino e o renascentista, para deitar o corpo gostosa e doloridamente num leito de madeira, com pregos afiados a espetar diuturnamente a carne humana? Por que se faz de faquir para meditar?

O sistema de classificação dos variadíssimos itens que resultam na composição de um emaranhado[45] não deve ser desentranhado de instituição, a moderna biblioteca nacional por exemplo, embora o seja. Deve ser desentranhado da própria composição do texto ficcional machadiano e aponta hermeneuticamente para o seu caráter pessoal e híbrido. A escrita ficcional machadiana é também ensaística. Em suma, seus autores são as suas autoridades, questionáveis ou não, como Blaise Pascal, para me referir novamente a um exemplo.

Presente em escrita literária da periferia ocidental e localizado em obra literária excepcional, o emaranhado é exem-

---

45 Em páginas futuras, o conceito de *emaranhado* visa a ser contraposto à função e ao papel da organização disciplinar e histórica de acervo internacional de livros impressos e manuscritos, uma biblioteca pública, em suma, que nos tempos modernos segue em geral a Classificação Decimal de Dewey (CDD). O emaranhado machadiano deveria ser compreendido a partir da lógica que nele vê as recentes pesquisas em física quântica. À *tensão semântica* que organiza o sentido das partículas no *emaranhado*, Einstein dava o nome de "*spooky action at a distance*", ou ação assombrosa à distância. Oponha-se essa ação *assombrosa de livros que se encontram à distância*, tensão semântica de que se vale Machado de Assis na sua ficção, à ação *previsível, disciplinar, histórica* e *racional* da erudição acadêmica de erudito ou de criador ocidental, que compõe ensaios ou obras artísticas com citações que são sempre lidas no interior do sistema bibliotecário dito e dado como "universal". A multifacetada e arbitrária "biblioteca de Pandora", como a singularizamos, representaria o emaranhado universal (desconstrutor) machadiano, em leitura contrastiva com a biblioteca "universal" (eurocêntrica) proustiana.

plar em Machado de Assis, embora não seja ele o criador do recurso retórico, classificado nas modernas poéticas como intertextualidade. Ele é certamente um dos usuários mais habilidosos e originais. Seu leitor está sempre diante da *liberdade* auferida a artista autodidata (liberdade menos constrangedora que a auferida por um *scholar*, para dar um exemplo óbvio) que *esbanja* diversidade de leitura, de conhecimento e de criatividade. Esbanja uma cultura pessoal e sobre-humana. Usa e abusa das leituras. Nunca se exaura nem a elas exaure, embora "a literatura" dele e delas decorrente seja a "da exaustão". O uso e abuso visa à suplementariedade e não à completariedade.

Restrinjo-me à literatura brasileira moderna. Nela, há exemplo semelhante e diferente ao do emaranhado machadiano. Trata-se do que Mário de Andrade monta nos anos 1920. O modernista paulista o desenha e o exibe na textura do romance *Macunaíma*. É também um emaranhado único, já que é produto da erudição multifacetada do poeta de *Pauliceia desvairada*.

São apenas semelhantes os dois emaranhados, já que as respectivas tarefas que performam se particularizam por tomada de posição ideológica diferente. O emaranhado de Mário de Andrade se sustenta, e fundamenta sua concepção de literatura nacional e periférica, no extraordinário papel exercido pelas variadíssimas manifestações locais da cultura popular brasileira (levantadas por ele) e pelas recentes pesquisas universitárias em etnologia, em especial as do alemão Theodor Koch-Grünberg (1872–1924). O autor de *Macunaíma* visa a recobrir, pela escrita ficcional de cidadão letrado, a presença do saber local popular na dramatização da identidade brasileira, daí o nome completo da obra, *Macunaíma: O herói sem nenhum caráter*.

O emaranhado que o artista modernista levanta, absorve e de que se vale abrange não só o que antecede à colonização lusitana na futura América do Sul (a cultura dos povos originários) como o que lhe sucede, necessariamente desconstrutor da colonização eurocêntrica. A desconstrução do eurocentrismo — caso dela se ocupe o crítico — seria pelo viés da oralidade na manifestação das culturas populares.

Por isso mesmo, *Macunaíma* é coincidente com os mais destacados desempenhos literários no interior da tradição afortunada vigente no pensamento e nas artes no Brasil. O de Machado e o de Sousândrade — é o que tento provar — ostentam nítida opção pela tradição desafortunada.

Se o emaranhado em Machado constitui a "biblioteca de Pandora", o de Mário resulta de coleta singular, exaustiva e original do estudioso, no domínio da *sabença* (para usar a expressão do próprio escritor/pesquisador), cujo significado mais amplo pode ser entendido pelo que se conhece, em língua francesa, como "*la sagesse des nations*" (expressão que traduz a totalidade dos lugares-comuns proverbiais). A nota desconstrutora do emaranhado de *Macunaíma* é de contorno pré-cabraliano e nacionalizante, já que advém do fato de a sabença se submeter e se deixar suplementar pelas pesquisas de campo em etnografia sul-americana. Ao dramatizar a ocidentalização do Novo Mundo pela colonização eurocêntrica, o romance desenrola e ressalta uma sabença que, se amparada pela mitologia dos povos originários, de que é exemplo o protagonista Macunaíma, não deixa de ser afim à desconstrução machadiana.

O emaranhado de Machado é de natureza *enciclopédica*, no sentido inicialmente emprestado por erudito britânico (*cyclopaedia*, ou *dictionary of arts and sciences*) ou pelos filósofos franceses iluministas (*encyclopédie*). Ele visa a abranger o saber erudito do Ocidente, incluindo nele a singularidade dos *saberes* não ocidentais, passíveis de apropriação legítima por protagonista da diáspora africana. O acesso a esse todo será proporcionado ao leitor letrado pelos romances machadianos.

Na verdade, os últimos cinco romances machadianos apreendem mais que o saber propriamente ocidental, pois desenrolam diante do leitor a diversidade planetária. Se por um lado o emaranhado machadiano se apresenta como força *excludente* do saber não ocidental, e é, portanto, eurocêntrico, por outro lado se apresenta como *inclusivo* do saber não ocidental, já que fomenta em qualquer leitor letrado a curiosidade intelectual pelos *saberes fisiológicos não ocidentais*. Se e quando privilegia estes, transforma-se em fonte de recursos desconstrutores do processo de *eurocentralização* do planeta em tempos posteriores às modernas viagens marítimas.

Todo o saber proposto pelo emaranhado machadiano ao leitor é também generoso e aparentemente só gratuito (motivo, aliás, para a reflexão sorridente), já que se torna mais e mais acessível a todo e qualquer letrado pela consulta dos muitos e grossos volumes das conhecidas e variadas enciclopédias britânicas e francesas, traduzidas nos países periféricos. Nos dias de hoje, com o advento da internet, a biblioteca de Pandora se oferece ao curioso intelectual no clicar de mouse em aplicativo. Não é, pois, pela simples análise textual que a reflexão sorridente se metamorfoseia em razão para a desconstrução. É pela hermenêutica, como insistiremos (ver nota adiante, 50, na qual se cita Richard Rorty).

Se o leitor tem acesso fácil ao possível significado de elemento do emaranhado machadiano, é por que se encontra dramatizado de maneira refinada e original pelo romancista. A montagem dos vários elementos que fazem parte do emaranhado é tarefa (*task*) do artista carioca e é ele também quem lhe dá emprego (job) funcional, já que performado por escrita fisiológica, passível de comercialização sob a forma de objeto livro. A absorção e a compreensão desse emaranhado sui generis não estão, portanto, desvinculadas da continua, exaustiva e sisifiana *busca*, pelo leitor enciclopédico, do domínio semântico da obra machadiana, daí, julgo, a necessidade de salientar essas informações sobre a sua fácil acessibilidade.

A legítima curiosidade intelectual de leitor desclassifica qualquer qualificação da escrita ficcional machadiana como obscura e impenetrável, esotérica, por assim dizer. A escrita do emaranhado, ou, para usar a nomenclatura atual, a "literatura da exaustão", requer do leitor o trabalho mental. Essa exigência seria defeito artístico? Ou não seria um defeito de origem na formação do leitor?

Machado de Assis e Mário de Andrade, autores dos romances em pauta, são complementares e por isso se inserem de maneira distinta na literatura brasileira. Representam a tradição desafortunada e a afortunada, respectivamente. São ambos responsáveis por distintas e estapafúrdias escritas literárias. Na leitura da obra de Machado de Assis, foco o emaranhado e o destaco porque o tratamento (o trabalho, na verdade) literário que recebe do mestre carioca ratifica o valor das suas *duas divergências universalizantes* — uma em plano nacional e a outra em plano íntimo —, apontadas em sua obra e vida como responsáveis pela *novidade* que é entregue e facultada ao público a partir da publicação das *Memórias póstumas de Brás Cubas*.

"É preciso imaginar Sísifo feliz", escreve Albert Camus, ou assim se expressa o ceticismo sorridente de Machado de Assis, ou do geógrafo Milton Santos, nosso contemporâneo.

Universalizante nas evidências, o conteúdo do emaranhado machadiano se apresenta, pois, como contraponto grandioso e alvissareiro — em preto e branco — ao entusiasmo nacionalista, despertado pelo grito do Ipiranga. Fundamentada em saber planetário, a *força* semântica do emaranhado fortalece o entusiasmo nacionalista e continua a iluminar o cidadão brasileiro letrado. Incentiva-o a ir além das vitórias propriamente emancipatórias, de que ele não é, no entanto, o arauto às margens do Ipiranga, e a lutar, em resistência profética ou utópica, pela soberania do Estado nacional.

Em nossos tempos de globalização e de internet, a reflexão desconstrutora sobre a obra literária de Machado de Assis se revela até mais eficaz. Os últimos cinco romances do autor carioca explodem a dimensão *rudimentar* de identidade nacional, limitada por fronteiras geográficas. Passam a direcionar a participação dos cidadãos brasileiros na trama sociopolítica e econômica do Estado, atirando a ele e a ela para o além do pensamento Curupira, tal como desenhado pelos fascistas brasileiros nos anos 1930. O Curupira caminhava com os pés voltados para trás. Na tradição literária latino-americana do século XIX, o emaranhado machadiano se eleva, portanto, à condição de fundamento da *resistência* — no sul do planeta — ao ímpeto colonizador das nações periféricas pela indiscriminada ocidentalização autocentrada.

O emaranhado propicia ao artista participante um espaço de operação concreto e virtual. Em escritas imprevistas pela matriz imposta, a pós-renascentista e a pós-iluminista, a subjetividade criadora do artista nos incentiva a "viagens" inesperadas e infindáveis pelo planeta. No leitor reflexivo, elas provocam, a seu turno, os atrevimentos oferecidos pela *novidade* artística que lhe cai nas mãos. Veja-se o caso do faquir no capítulo "A ponta do nariz", já citado. Esquecem-se as máximas de Sócrates e de Montaigne. Com o asceta suni, deitado no leito recoberto por pregos, aprende-se uma sofrida lição sobre a aquisição do saber. Essas viagens planetárias ampliam e enriquecem a memória factual de todo e qualquer sujeito que se dedique à leitura dos romances machadianos, até mesmo daqueles que se julgam suficientemente politizados e conscientes da atualidade "universal".

Tendo como pano de fundo viagens e hospedagens pelo emaranhado, destaco um dos *recursos retóricos* de que se vale Machado de Assis para enriquecer o potencial de saber que permaneceria *engasgado* na garganta do leitor dos seus romances. Com uma boa dose de *dépaysement*, alivia-se o mal-estar do leitor, oferecendo-lhe, durante o período independentista, um pouco provável e relativamente farto alimento não ocidental para sua imaginação crítica. As estadas do viajante pelo emaranhado despertam atitudes de concordância e assentimento, de discordância e desautorização, que não estão no mapa acanhado do nacionalismo verde e amarelo.

Tomo ao pé da letra a experiência da viagem pelo livro e me valho do verbo *hospedar* e dos substantivos correspondentes, *hospedeiro* e *hóspede*, para melhor entender o recurso retórico utilizado pelo texto ficcional de Machado de Assis e de tantos outros romancistas, muitas vezes considerados autores de leitura difícil e às vezes julgados meros *imitadores* de escritores estrangeiros.[46]

Passo a exemplo concreto, anunciado na epígrafe deste folhetim. Vou referir-me ao romance *Esaú e Jacó*, de Machado, e o conto *Cândido, ou O otimismo*, de Voltaire, com destaque para o personagem apelidado "irmão" das almas

---

46 Tento compreender um procedimento que tradicionalmente se apresenta de maneira hierarquizada, como *original* e *cópia*, ou ainda a partir da noção de *influência*.

que de repente ressurge, no meio do romance, como o capitalista Nóbrega.[47]

Se o romance *Esaú e Jacó*, em determinado momento do desenrolar da trama, se hospeda no conto *Cândido*, de Voltaire, é para que o próprio texto e o seu leitor usufruam das possibilidades de *sentido* que o recobrem em casa alheia, francesa no caso. A hospedagem num conto de outro autor pode oferecer, por exemplo, boa e mais ampla compreensão dos personagens em ação num e noutro livro e, também, da caracterização que recebem pelos respectivos escritores.

No recurso retórico em pauta, o narrador de *Esaú e Jacó* dialoga com o narrador do conto *Cândido*, como se o primeiro fosse hóspede e o segundo, hospedeiro. Ou, dependendo da perspectiva de leitura, como se o hóspede fosse o hospedeiro e o hospedeiro, hóspede.

Abre-se para a criação ficcional uma *movimentação semântica* no texto e no contexto que explode as fronteiras nacionais. Todos os envolvidos, livros e leitores, partem para uma viagem pela leitura com direito a hospedagem em terra estrangeira.[48] Cria-se um *lugar diferenciado*, um lugar *entre*, na junção das tramas do romance e do conto que é também um lugar de observação, de análise, de crítica e de interpre-

---

47 Há uma leitura fora do contexto proposto pela *hospedagem*. Trabalho para o leitor solitário. O contexto seria pelo negativo, o poema "Os bens e o sangue", de Carlos Drummond de Andrade.

48 Essas viagens, tarefas pertinentes e originais de subjetivações artísticas no interior do emaranhado, na biblioteca de Pandora, se perderiam na lata de lixo da história caso existissem apenas para demonstrar, em favor do "diferente" e "novo" autor, um mero exibicionismo narcisista da citação pela citação. Nesse caso, não há evidentemente lugar para um leitor especial, como Machado de Assis.

tação. Optou-se pela passagem por uma hospedaria cultural situada além-fronteiras nacionais, em tempo/espaço simultâneos e continentais, e que, na verdade, escapa à cronologia histórica. Torna-se fascinante a *pandorização* do tempo/espaço ficcional tanto no romance brasileiro quanto no conto francês. O hóspede privilegiado (mas outros, os leitores, que o acompanharão) está no início do século XX e o hospedeiro é um dos grandes representantes do século XVIII iluminista. Apesar de um escrever em português e o outro em francês, eles dialogam com naturalidade espantosa.

Quais são as coordenadas que definem o espaço, o tempo e a escrita da *hospedagem*? — solto a pergunta e não a deixo no ar.

Será que as coordenadas, que definem a posição e a condição planetárias da *hospedaria*, não apontariam para o *lugar* concreto da realidade brasileira e francesa e, ainda, para o lugar virtual da dupla escrita artística que o cidadão oitocentista deveria e deve *ocupar* a fim de pôr em questão um positivo entusiasmo *popular*, logo transformado em otimismo, sempre bem-vindo os dois no caso de emancipação de Estados coloniais, mas que alimentam a *paralisação* da resistência no fato de o otimismo gerado no povo ser consequência dos excessos de *triunfalismo de vencedor*, despertado por gesto bragantino às margens do Ipiranga?

Iniciado no momento em que o narrador de *Esaú e Jacó* adentra pela hospedaria, o diálogo intempestivo de Machado com Voltaire acaba por agregar, de maneira suplementar, valor artístico e interesse sociopolítico à experiência de leitura que se dá no lugar do *entre*. O desejo do escritor brasileiro em querer dialogar com o filósofo francês — e até o de assumir a lição alheia sobre a história do Novo Mundo eurocentralizado pela imagem falsa e cintilante de

Eldorado à disposição de todo e qualquer aventureiro — significa que há uma grave questão em consonância e/ou em dissonância, a ser democraticamente iluminada sob a forma de *conversa*.[49]

Na sua tarefa (*task*) cotidiana, o romancista carioca dá emprego (job) duplamente lucrativo à obra literária estrangeira. Retribui a sua riqueza pródiga de saber, que se oferece, na informalidade de leitura ou na carência periférica de biblioteca pública, como peça a que se acrescenta uma inesperada e alta rentabilidade semântica, se transportada para outra língua nacional, a portuguesa, e nela inserida com propriedade.

Não é só o leitor periférico que lucra. Também lucra o romancista periférico graças à sua tarefa e ao emprego que dá à obra literária estrangeira. Com as suas asas de colibri, espalha pólen novo pelas plantas sequiosas de diferentes florações. Ele amplia o potencial das significações *locais* da trama que rege por se assumir como autor "diferente" do que lhe pertence naturalmente e, por direito, passa a ser responsável pelo "novo".

Assim como o contemporâneo Diderot a ler Bougainville, Machado a ler Voltaire demonstra como a filosofia ilu-

---

49 Para o significado de *conversa*, sugiro a definição dada por Richard Rorty: "A hermenêutica é o que nos sobra quando deixamos de ser epistemológicos [...]. A hermenêutica vê as relações entre vários discursos como cabos dentro de uma possível conversa, conversa que não pressupõe matriz alguma disciplinar que una os falantes, mas em que nunca se perde a esperança de se chegar a um acordo enquanto a conversa dure. Não se trata da esperança em descobrir um terreno comum e anterior, mas simplesmente da esperança de se chegar a um acordo, ou, pelo menos, a um desacordo interessante e frutífero".

minista traz incubada uma dimensão desconstrutora, que todos desconhecem. Por que não?

Convido o leitor à releitura de dois capítulos sucessivos de *Esaú e Jacó*, seguidos de dois capítulos do conto de Voltaire. O interesse do narrador machadiano é o de fornecer ao leitor elementos inesperados que serviriam de suplemento a uma melhor explicação do milagroso enriquecimento do capitalista Nóbrega, aparecido nas páginas iniciais como um coletor de esmolas à porta da igreja. Qual teria sido o verdadeiro motivo para o acúmulo de riqueza ostentado, ao meio do romance, pelo irmão (ou andador) das almas? Lembremos. Ao angariar para a igreja uma polpuda nota de dois mil-réis da futura mãe dos protagonistas gêmeos, o rapaz bota a esmola no bolso das calças.

Em tempos de Encilhamento, surripiar uma esmola da bacia das almas pode levar o espertalhão ao lucro absurdo na bolsa de valores.

O narrador machadiano surpreende. Deixa *ausentes* do livro os sucessivos fatos históricos que teriam a tarefa de explicar e de justificar a metamorfose do irmão das almas no capitalista Nóbrega.

Na composição do romance, há um *vazio* na caracterização do personagem. O personagem menor e anônimo, o irmão das almas, passa sem contexto por capítulos e mais capítulos do romance. Tinham sido silenciadas as circunstâncias do seu enriquecimento para que o rapaz pobre e ambicioso reaparecesse enigmático e fulgurante, no meio do romance, como o capitalista Nóbrega. Sabe-se do vazio pela importância como ele está sendo preenchido pela falência do jovem Estado republicano. Várias e escandalosas negociatas financeiras estão na ordem do dia. Lá está a obviedade delas no vazio da formação do capitalista, legítimo representante de cidadão que é constituído pelo zero à esquerda que é a narrativa do Encilhamento. Mal proclamada a República, o Estado nacional entra em falência. O narrador furta o contexto do leitor para lhe oferecer, em troca, um personagem um tanto enigmático, a esconder sob sete chaves o passado,[50] mas atrevido o bastante para cortejar a bela Flora, que também desperta o amor nos gêmeos Pedro e Paulo.

O narrador machadiano preenche o *vazio* com uma *hospedagem* do seu texto no conto "Cândido", de Voltaire. Hospeda a trama e o personagem, e os entrega ao leitor para que faça sentido não só o que significou o Encilhamento como ainda o súbito enriquecimento da metrópole lusitana no Brasil durante o período colonial com o extrativismo mineral, em particular logo depois do terremoto que atingiu Lisboa.

Por comodidade, faço dois recortes nos dois capítulos sucessivos de *Esaú e Jacó* em que se descreve a região a que os narradores do conto e do romance dão o nome de Eldorado.

Primeiro recorte, cap. 73:

> Pessoas do tempo, querendo exagerar a riqueza, dizem que o dinheiro brotava do chão, mas não é verdade. Quando muito, caía do céu. [...] Cândido e Cacambo, ia eu dizendo, ao entrarem no Eldorado, conta Voltaire que viram crianças brincando na rua com rodelas de ouro, esmeralda e rubi; apanharam algumas, e na primeira hospedaria em que comeram quiseram pagar o jantar com duas delas. Sabes que o dono da casa riu às bandeiras despregadas, já por quererem pagar-lhe

---

50 A situação dramática do romance machadiano lembra, sem dúvida, o filme *Grilhões do passado* (1955), de Orson Welles.

com pedras do calçamento, já porque ali ninguém pagava o que comia; era o governo que pagava tudo. Foi essa hilaridade do hospedeiro, com a liberalidade atribuída ao Estado, que fez crer iguais fenômenos entre nós, mas é tudo mentira.

Segundo recorte, cap. 74:

Antes de continuar, é preciso dizer que o nosso Aires [narrador do romance] não se referia vagamente ou de modo genérico a algumas pessoas, mas a uma só pessoa particular. Chamava-se então Nóbrega; outrora não se chamava nada, era aquele simples andador das almas que encontrou Natividade e Perpétua na rua de São José, esquina da Misericórdia. Não esqueceste que a recente mãe deitou uma nota de dois mil-réis à bacia do andador. A nota era nova e bela; passou da bacia à algibeira, no fundo de um corredor, não sem algum combate.

Poucos meses depois, Nóbrega abandonou as almas a si mesmas, e foi a outros purgatórios, para os quais achou outras opas, outras bacias e finalmente outras notas, esmolas de piedade feliz. Quero dizer que foi a outras carreiras. Com pouco deixou a cidade, e não se sabe se também o país. Quando tornou, trazia alguns pares de contos de réis, que a fortuna dobrou, redobrou e tresdobrou. Enfim, alvoreceu a famosa quadra do "encilhamento". Esta foi a grande opa, a grande bacia, a grande esmola, o grande purgatório. Quem já sabia do andador das almas? A antiga roda perdera-se na obscuridade e na morte. Ele era outro; as feições não eram as mesmas, senão as que o tempo lhe veio compondo e melhorando.

Se a intersecção entre Machado/hóspede e Voltaire/hospedeiro é rica de propósitos e de sentidos suplementares, há que os destrinchar ponto por ponto. Exemplifiquemos com a apresentação ao debate de algumas aberturas.

1. Ao abrir a porta da hospedaria de Voltaire para o pernoite da sua escrita literária, o narrador machadiano lança uma grande questão. Teria sido inevitável a permanência da administração colonial durante o século independentista (1808–1908) do Estado nacional que teve como pontos culminantes duas penadas monocráticas, a Abolição e a Proclamação da República? A exploração colonial por autoridades ou por espertalhões abusivos permanece como *modelo* na época pós-colonial? O Encilhamento é apenas uma data a mais na longa sucessão de situações políticas e socioeconômicas semelhantes, já que apenas ratificam a condição de eterno Eldorado para os Estados nacionais do Novo Mundo? O Estado nacional brasileiro nunca chegará a ser soberano?
2. Lembre-se que, no Brasil/Eldorado, o dinheiro brotou do chão durante o longo período colonial, e o lucro fora transportado para a metrópole. Portugal se enriquece pela exploração do ouro e das pedras preciosas na província de Minas Gerais. A cobrança exagerada de imposto gera a Inconfidência Mineira.
3. O narrador machadiano recorre ainda à ironia voltairiana para dizer que é por milagre republicano que o dinheiro está caindo dos céus durante o período conhecido por Encilhamento.
4. Quando o dinheiro brota do chão, a capital do Império, destruída por terremoto, foi reconstruída. Quando cai

dos céus, é a mão invisível do mercado que opera em favor do governo republicano? Os irmãos das almas se metamorfoseiam em capitalistas nobres, como o Nóbrega. Graças aos jogos financeiros propiciados pela bolsa de valores, a dialética da malandragem metamorfoseia o irmão das almas — em ausência, vale dizer, em invisibilidade na trama narrativa machadiana — num novo e fascinante personagem pequeno-burguês na sociedade brasileira, o *self-made man*. Esclarece Voltaire: o laissez-faire o torna figura capital dentro do liberalismo republicano brasileiro.

5. Os gêmeos Pedro e Paulo estão bem caracterizados no romance e, desde o título da obra, já tinham ganhado, por sua hospedagem no Pentateuco, dimensão virtual e concreta na liderança nacional exercida, em imitação do patriarcalismo bíblico. A hospedagem dos gêmeos no Pentateuco é mais complexa do que pensam os intérpretes tradicionais de Machado de Assis, haja vista as manipulações exercidas por familiares no "processo de escolha" do primogênito consanguíneo e na transmissão do poder (veja-se, na biografia de Jacó, a "escolha" de Efraim, no lugar de Manassés). No romance, há no entanto um personagem cuja condição socioeconômica se encontra omitida, rasurada por assim dizer, e é resgatada pela hospedagem em Voltaire.

O irmão das almas reaparece como já sendo capaz de fazer sombra ao prestígio social dos gêmeos Esaú e Jacó. Atrevido, o Nóbrega é também candidato à mão da bela e cobiçada Flora. Terá alguns poucos capítulos de glória e logo desaparecerá definitivamente da narrativa.

No século XIX e a entrar pelo século XX, a habilidade do romancista está na *caracterização, por ausência,* de narrador (no sentido fisiológico de composição, um longo hiato entre capítulos curtos e aparentemente desconectados) e de personagem (no sentido psicológico de formação, caso Nóbrega). Talvez seja essa a mais audaciosa das originalidades da prosa ficcional de Machado de Assis. Pela sua ausência passageira na trama do romance, o personagem fica sem contexto e só vem a herdá-lo do momento em que a narrativa se hospeda em obra literária alheia e pródiga. O texto é agraciado com um inesperado contexto, mais amplo e mais rico. O processo não se dá apenas no caso do Nóbrega. Relembro que o simples batismo dos gêmeos no título do romance — óbvia alusão aos gêmeos do Gênesis — já leva o leitor a contextualizá-los pela riquíssima genealogia dos patriarcas bíblicos.

Esaú, Jacó e o capitalista Nóbrega, ao contrário de Cacambo no poema épico de Basílio da Gama, excedem e superam "o assunto estreito e a língua escusa".

O Gênesis hospeda os gêmeos brigões cariocas e *Cândido, ou o otimismo,* de Voltaire, o inescrupuloso e ambicioso irmão das almas.

Diz a locução latina que "*in cauda venenum*". "Na cauda está o veneno." Se trazida à baila, outra expressão não seria menos feliz. Diz que "*suaviter in modo, fortiter in re*". Faça as coisas mais intensas, do modo mais suave.

Eis aí duas rápidas reconfigurações da habilidade machadiana a manipular esse audacioso e original recurso retórico na prosa de ficção.

Semelhante à de tantos outros *nouveaux riches* do período republicano, a súbita metamorfose do coletor de esmolas em capitalista é apresentada e entregue ao leitor por *hospedagem* da narrativa ficcional machadiana em outra narrativa ficcional, a de Voltaire. Propiciado ao cidadão brasileiro por bravata militar, o regime republicano lhe chega pelo veneno na cauda. O exercício da crítica, sempre indispensável em se tratando do gerenciamento político, econômico e humano das finanças nacionais, não se apresenta com análises tomadas das ciências sociais. Faça as coisas mais intensas, do modo mais suave. O narrador machadiano não se vale de expressões científicas, já bem assentadas pelos tratados sobre a modernidade, expressões fortes e brutais devido ao respaldo pelo saber eurocêntrico, ou expressões com significado domesticado pela sua convivência com pensadores e regimes conservadores.

No Machado autor de ficção, o fato, a grafia de vida individualizada por nome próprio (refiro-me ao modo como cada narrador, protagonista ou personagem é *caracterizado*) conta mais, ainda que feita de forma sempre cavilosa. Cada um requer do leitor a perspicácia que se aprende na convivência com a boa literatura. Daí a importância de se estudar e de analisar tudo que se relaciona a *contexto* no interior do *emaranhado* montado e assumido pela própria escrita machadiana (a não ser confundido, conforme salientei em nota, com o mero exibicionismo do homem sabido e narcisista).

A narrativa ficcional machadiana acaba por hospedar tanto a análise radical das negociatas financeiras republicanas como o enriquecimento abusivo da metrópole europeia no período propriamente colonial. Hospeda, ainda, a crítica feroz da fortuna amealhada pelo irmão das almas. Incrível é o fato disso derivar da leitura perspicaz de apenas dois capítulos relativamente curtos do romance *Esaú e Jacó*.

É pelo sorriso voltairiano que melhor se entende o otimismo fingido e manhoso que se presentifica nas regiões periféricas quando o poder autoritário oportunista e safado consegue fazer aflorar o entusiasmo patriótico no rosto do povo sofrido. Lembre-se o dístico de Carlos Drummond de Andrade na coleção *Farewell*:

> O mundo não merece gargalhada. Basta-lhe sorriso de descrença e zombaria.

O recurso à hospedagem oferece ao processo de autonomia da ex-colônia portuguesa um horizonte universal a ser atingido, o da *soberania* entre as nações do mundo. À vista de um horizonte amplo, não apenas eurocêntrico, mas planetário, é que a cidadã e o cidadão brasileiros poderiam levar adiante o entusiasmo revolucionário de 1822 e o conformar positivamente em soberania nacional.

A prosa machadiana se antecipa (*pre-empt*) aos movimentos de descolonização a serem operados no terceiro milênio. Aparecem sob a forma de performances da rebeldia artística de um descendente de povo africano diaspórico e escravizado no Brasil e se expressam por digressões críticas, em geral de responsabilidade dos narradores. Rebeldia e digressões têm em vista remanejar as políticas identitárias restritivas, que podem retrair o entusiasmo nacionalista pela repetição, e virem a se apresentar por manifestações retrógradas e/ou ingenuamente conservadoras.

Em pauta no romance machadiano de 1881, as políticas oitocentistas do período monárquico-escravocrata (sem reajustes na formação ocidentalizante do Brasil, sem o seguinte e indispensável processo de *reparação* nacional de boa parte da população) terão de ser hoje compreendidas em visão ampla do *século independentista* que se configura entre os extremos, 1808 e 1908. A carta régia que determina a abertura dos portos do Brasil ao comércio com as nações amigas, assinada em Salvador, é *totemizada*[51] na exposição comemorativa do centenário da abertura dos portos às nações amigas, no Distrito Federal. A sociedade brasileira abandona definitivamente a sua constituição como complexa para se simplificar, ao aceitar, como *metáfora* privilegiada, a condição que lhe foi colonialmente sobreposta de Estado nacional eurocêntrico.

As políticas socioeconômicas oitocentistas são, no fundo e ainda, *paralisadoras do entusiasmo patriótico* despertado em 1822.

Os voos planetários desconstrutores são, pois, planejados em discordância às normas civilizatórias impostas durante o período colonial ao Novo Mundo. A partir de 1822, seus moradores — os originários, os colonizados e os diaspóricos — são relativa ou servilmente obedientes à colonização metropolitana nos exageros e no uso da violência. Para não me restringir ao grito do Ipiranga no seu bicentenário, acrescento que a eficiência executiva da violência já está estampada nas reformas pombalinas, datadas de 1750-77, cuja principal ordem de comando é a de reestruturar, de maneira totalitária, a desorganização por que passava então o sistema colonial português.

Espero que se compreenda melhor agora a razão pela qual *Memórias póstumas de Brás Cubas* tinha de *divergir*, antes de mais, da motivação romântica nacionalista e patriótica, tal como estava a se consolidar no horizonte político e

---

51 "Minha sugestão é que no empenho de compreender uma religião devemos primeiro concentrar atenção mais nos ritos que nas crenças" (Radcliffe-Brown, *Estrutura e função na sociedade primitiva*).

estético e a se enrijecer pelo racismo estrutural, por exemplo, descrito no comportamento imitativo pelo cidadão branco brasileiro dos tempos coloniais.

Como exemplo, cito o caso do personagem Cotrim, cunhado de Brás Cubas, no capítulo 123, intitulado "O verdadeiro Cotrim" (ver adiante, "Quarto folhetim").

Ainda que rapidamente, tento avançar agora a análise do Cotrim: o racismo estrutural enrijece a motivação romântica nacionalista e patriótica de liberdade pela força sempiterna dos *hábitos* retrógrados e conservadores implantados nos senhores pela escravização do povo africano desterritorializado à força. A motivação entusiástica proporcionada pela autonomia, essencial para se chegar à descolonização da jovem nação, perde substantivamente a energia democratizante e apenas contribui para *paralisar* e até para *inibir* os movimentos legitimamente revolucionários, que almejam uma efetiva e *verdadeira* abolição da escravatura dos africanos no Brasil e a sua reparação.

Faça-se outra e rápida análise contrastiva: compare-se o romance machadiano em pauta à tela *Independência ou morte* (1888), encomendada ao pintor Pedro Américo pelos conselheiros imperiais, membros da Comissão do Monumento do Ipiranga.

Seria bom esclarecer desde já que a noção de *hábito* não tem função histórica, no sentido *événementielle* [episódico] do termo; ela ganha a dimensão apropriada em análise e leitura que se evidencia pela noção de *longue durée* [longa duração] (estou recorrendo à dicotomia *événementielle/longue durée*, estabelecida pelo historiador Fernand Braudel). Em ensaio hoje clássico, o historiador francês julga necessário alertar o estudioso sobre as mudanças que a nova noção de *temporalidade* histórica traz:

Para o historiador, aceitar a *longue durée* significa prestar-se a uma mudança de estilo e de atitude, a uma contravolta de pensamento e nova concepção de social. Trata-se de se familiarizar com um tempo em câmera lenta, algumas vezes apenas à margem do que move.[52]

Como observa Peter Burke, a "estrutura" para Braudel se encontra no caráter *repetitivo* [grifo meu] das atividades dos indivíduos e grupos. A descrição de determinada estrutura carrearia para a sua história — que concentra em si mesma as mudanças internas — as crises conjunturais, os movimentos cíclicos, a tendência à estagnação e ao crescimento. Para que se chegue a ter uma história global, evento e estrutura não se opõem na articulação — informa Burke — da história e da *interdisciplinaridade*; a articulação é essencial, visto que uma ciência não deveria se opor à outra.

Em prosa literária macabra, implausível e funérea, *Memórias póstumas de Brás Cubas* discrepa se apenas *inserido* no festivo e afortunado ambiente independentista brasileiro que vai de 1808 a 1908.

De maneira intermitente e exaustiva, a nova prosa enriquece a trama romanesca nacional com autorreflexões dolorosas e divagações aleatórias, inspiradas ambas por espantosos jogos críticos e irônicos, na realidade, céticos. Os jogos são o principal fautor (1) da meditação contemplativa segundo a prática islamita (a figura do faquir como modelo de reflexão, alternativa à tradição socrática) do narrador e dos personagens, (2) da análise da política nacional, a sus-

---

52 Fernand Braudel, "Histoire et Sciences Sociales: La longue durée". In: *Annales: Économies, Sociétés, Civilisations*, ano 13, n. 4, 1958, pp. 725–53.

tar pela paralisia socioeconômica o processo de soberania anunciado pela autonomia, e (3) da crítica ao atraso nas relações entre a sociedade brasileira e as demais sociedades colonizadas pela Europa, à volta dela no planeta.

Situado em nação periférica e autônoma, que se inventa e se monta no século XX como uma sociedade católica, pequeno-burguesa e ocidentalizada, com fortes traços aristocráticos, herdados da monarquia escravocrata lusitana,[53] o romance de 1881 é por natureza arruaceiro *e* responsável. Evita o discurso nacionalista monocórdico, expresso em exitosa construção artística pelos escritores românticos e, em seguida, pelos prosadores realistas-naturalistas. Evita o discurso nacionalista monocórdico a fim de facilitar a invenção de uma figura ficcional estranha ao ambiente festivo, um narrador/protagonista *inverossímil*, embora pertencente à elite letrada brasileira. Seu comportamento profissional é conivente com os *hábitos* herdados dos tempos coloniais e é também crítico deles. Todas e todos os personagens do

---

[53] Recomenda-se a consulta do *Arquivo nobiliárquico brasileiro*, pesquisado e organizado pelo segundo barão de Vasconcelos, Rodolfo Smith de Vasconcelos, e pelo terceiro barão de Vasconcelos, Jaime Smith de Vasconcelos, e publicado em Lausanne, na Suíça, em 1918. Segundo os autores, trata-se de "um modesto trabalho sobre os títulos do 1º e 2º Reinados". Relembre-se que, dois anos antes da queda de Napoleão, em 12 de julho de 1812, d. João VI agraciara Ana Francisca Maciel da Costa, viúva de Brás Carneiro Leão, com o título de baronesa de São Salvador de Campos. Tratava-se do primeiro título nobiliárquico concedido a cidadão brasileiro, ainda no período do Reino Unido de Portugal, Brasil e Algarves. É a mesma senhora que dará início, em 1823, à nobreza propriamente brasileira, sem vínculo com o sangue (portanto, não transmissível a descendente). Por d. Pedro I, ela será agraciada com o título de baronesa com honras de grandeza.

romance são caracterizados por perfis psicológicos nítidos e alusões culturais traiçoeiras. Tornam-se todos e todas refinadas e competentes figuras dramáticas, que devem ser interpretadas pelo leitor e pela crítica como *codependentes* da *paralisia* que domina os movimentos sociais progressistas contemporâneos e, por isso mesmo, são elas também as principais responsáveis pelo desinteresse em inventar e montar uma futura nação soberana na periferia do Ocidente.

A realidade brasileira só não é dramatizada com a brutalidade necessária porque é dada, pelo defunto autor, como relativa a um "*undiscovered country*" (Shakespeare) — uma nação já habitada e mapeada, mas a ser *inventada* por alguma "descoberta" im/prevista na sua curta e acidentada história, que anunciaria uma espécie de recomeço do mundo. Recomeço semelhante, embora mais drástico, ao anunciado por Oswald de Andrade ao publicar em 1924 os poemas de *Pau-Brasil*.[54] O recomeço oswaldiano se manifestaria *menos* pela autenticidade dos documentos relativos à história nacional e *mais* por um emaranhado parodístico que não se distancia do pastiche machadiano da *Peregrinação*. Assim ainda é a realidade brasileira nas memórias póstumas, presume-se.

A sociedade brasileira não é oferecida ao leitor por um emblema nacional, por uma imagem totêmica, mas pela *inverossimilhança*, valor mórbido e intempestivo em plena hegemonia da composição realista-naturalista do romance burguês ocidental.

---

54 Eis a dedicatória do livro *Pau-Brasil*: "A Blaise Cendrars, por ocasião da descoberta do Brasil".

Quarto folhetim

A paralisação do movimento social progressista pelo fluxo permanente do hábito no comportamento e na fala cotidianos do cidadão brasileiro

Linhas atrás, ao me deter nas *Memórias póstumas de Brás Cubas*, percebi que o narrador, ao examinar a força do fluxo permanente dos *hábitos adquiridos* pela elite nativa *durante* a colonização europeia e escravocrata, acrescentada às forças dos *hábitos recém-adquiridos* pelo cidadão brasileiro em regime de *governo autônomo*, ainda bragantino e escravocrata, *paralisa* o movimento social progressista despertado pelo entusiasmo patriótico em 1822.

Paralisar não é sinônimo de *interditar*. Mais, esse verbo vem escrito em análise de texto artístico e não em texto de lei imperial ou republicana. A lei imperial e a republicana, que assentariam a *interdição* de algo e ofereceriam a confraternização cidadã em seu lugar, só serão chanceladas ao final da década de 1880, e causarão muito pouco resultado real. Daí a busca, em análise de texto, de um verbo apropriado para apreender o movimento social independentista na sociedade nacional que o romancista carioca pretende visualizar e dramatizar no quinto romance.

Talvez seja correto estabelecer que o romancista detecta a paralisia do movimento independentista numa imagem ilusória, num trompe-l'oeil que, como tal, permanece até os dias de hoje. A imagem reproduz a transferência às pressas da capital do Império lusitano para a capital da colônia brasileira. Talvez seja correto que se estabeleça que ainda não está *arrematado* o período independentista que começa com a transferência de d. João VI à colônia americana e que se prolongará em 1888 com a Abolição e em 1889 com a Proclamação da República.

Memórias póstumas de Brás Cubas e os quatro romances que lhe sucedem serão ferramentas sorrateiras e perigosas a serviço da análise, pelo viés de obra literária de têmpera universalizante, dos desentendimentos comunitários e nacionais, de caráter sociopolítico, econômico e humano, que as duas *interdições legais* propuseram e não realizaram.

A abertura do romance publicado em 1881 poderia apenas prolongar a frase de abertura de *Memórias de um sargento de milícias*, publicado em 1853:

"Era no tempo do rei e dos dois Pedros."

O capítulo 12 das *Memórias póstumas de Brás Cubas*, "Um episódio de 1814", onde a derrota de Napoleão se desloca da península ibérica para ser comemorada no Rio de Janeiro, já presentifica, expande a trama do romance de 1853 para 1881 e justifica a frase proposta acima. Era no tempo do rei e dos dois Pedros.

As páginas dos romances machadianos se tornarão definitivas ao dramatizar um longo, atípico e ainda nebuloso período independentista (1808–1908) da história pós-colonial em particular do Brasil e em geral da América Latina.

Em virtude da *atualidade* que detecto no comportamento social do cunhado de Brás Cubas, o Cotrim, tal como *caracterizado* no romance, o destaque inicial vai para ele. Leio o capítulo 123, "O verdadeiro Cotrim".

O Cotrim é o cidadão brasileiro que, após a *interdição* do tráfico de escravizados para o Brasil pelo governo inglês, em 1807,[55] *perpetua* no seu cotidiano carioca, de pequeno-burguês, o antigo trato violento com as peças africanas. Ele recicla, atualiza a punição do escravizado. Requalifica-a com a ajuda do Estado nacional, se me permitem a perversidade na análise literária. De maneira contraditoriamente legal e certamente pessoal, o Cotrim se esforça por *remodelar* a violência das práticas corretivas do mau comportamento do escravizado.

Com frequência, ele encaminha o fujão, ou o desobediente às suas ordens, não mais para as mãos do feitor, que chicoteava o escravizado no "tronco", mas para o calabouço.[56] A remodelagem da violência está afinada com os tempos políticos posteriores à independência da colônia lusitana. O Estado em formação tinha passado a se responsabilizar, em cárcere público, pelas barbaridades outrora co-

---

[55] O próprio governo brasileiro só *interditará* o tráfico em 1850, pela Lei Eusébio de Queirós. Ela prevê que, depois de promulgada, a importação de escravizados passaria a ser tratada como pirataria.

[56] Flora Thomson-DeVeaux, tradutora das memórias póstumas ao inglês, publicou na revista *piauí* (n. 140, maio 2018) "Nota sobre o calabouço", um levantamento bibliográfico minucioso e rico de sugestões das condições sanguinárias de punição no cárcere carioca. Vale-se, como nós em outra direção, de informações indispensáveis sobre o *contexto sócio-histórico* do fato *comportamental* descrito no capítulo 123 das memórias póstumas e em meu processo de análise. Sua pesquisa alicerça a nossa leitura, cuja principal finalidade é a de pôr em estado de laboratório a moderna escrita da introspecção no romance de Machado de Assis, a fim de guardar o rigor, se e quando aproximado do récit de análise psicológica, assinado por Marcel Proust. Esclareço o reencontro no aparato crítico que estou propondo: tornar a *novel* machadiana récit, tornar o récit proustiano *novel*.

metidas no tronco e em praça pública.⁵⁷ O trato pessoal e autorizado por lei, ou melhor, o *hábito* (apenas remodelado) do senhor de escravos, no caso, o do Cotrim, é esmiuçado e generalizado em passagem do capítulo 123, em pauta.

O *hábito* colonial se dilata até o presente das metrópoles brasileiras, o que é notável na *caracterização* de personagem pertencente à elite carioca oitocentista.

Se a ação corretiva tal como exercida indiretamente pelo Cotrim é hábito enraizado no comportamento do cidadão brasileiro oitocentista, pergunta-se: o que teria mudado estrutural e radicalmente nessa sociedade até 1881? Quais teriam sido as novas responsabilidades comunitárias, sociais e humanitárias assumidas publicamente pelo cidadão brasileiro após o grito do Ipiranga?

Na caracterização de personagem, o romance de 1881 publiciza dúvidas ainda válidas até hoje. Nenhum detalhe das maneiras, dos hábitos, do Cotrim é escamoteado pelo narrador das memórias póstumas. Cito a passagem:

> Como era muito seco de maneiras [o Cotrim] tinha inimigos, que chegavam a acusá-lo de bárbaro. O único fato alegado neste particular era o de mandar com frequência escravos ao calabouço, donde eles desciam a escorrer san-

---

57 Lembre-se a descrição do pelourinho ainda de pé no centro de Sabará, feita pelo viajante Richard Burton em *Explorations of the highlands of the Brazil: With a full account of the gold and diamond mines* (1869). Na ocasião, ele se fazia acompanhar de um guia local: "No centro da praça, sobre quatro degraus, está o pelourinho debaixo de dois velhos escudos. 'Melhor seria um chafariz', disse o nosso guia Major Cândido José de Araújo, apesar de seus sentimentos conservadores".

gue; mas, além de que ele só mandava os perversos e os fujões, ocorre que, tendo longamente contrabandeado em escravos, *habituara-se* de certo modo ao trato um pouco mais duro que esse gênero de negócio requeria, e não se pode honestamente atribuir à índole original de um homem o que é puro efeito de relações sociais. [grifo meu]

Lá se diz que a "índole original" do Cotrim está preservada do julgamento negativo por parte dos familiares e é ainda preservada entre os pares, já que, na verdade, o cunhado do Brás Cubas fora habituado (sic) pelas "pressões sociais" ao comportamento sanguinário com o seu escravizado. Seria ele também "vítima" da sociedade a que pertence? Pressionado no passado pelo lucro no negócio em escravos e hoje pelo *convívio-conforme* em sociedade aristocratizante e pequeno-burguesa, o Cotrim encaminha com frequência ao calabouço os escravizados desobedientes ao mando tirânico.

De lá do morro do Castelo, os escravizados descem a escorrer sangue.

A índole original do Cotrim é passível de ser moldada pelos pares na luta pela sobrevivência em sociedade monárquica e escravocrata, mas não se deixa afetar ou minimamente se sensibilizar pelos maus-tratos e pelas ofensas físicas violentas e sanguinárias que os escravizados sofrerão longe dos olhos cidadãos, no calabouço. Privada e autorizada por lei, frequente, a ação do Cotrim ratifica o status de *hábito do pelourinho* e significa, na caracterização do ex-colono brasileiro ao assumir a plena cidadania, a perda cotidiana e gradativa da responsabilidade individual pelos privilegiados.

Na brecha da perda de responsabilidade cidadã, infiltra-se o oportunismo de classe e a hipocrisia, a encenar o descaso da elite brasileira, motivada entusiasticamente pela autonomia da colônia. O ato de punição, ainda que indireto, não favorece a igualdade comunitária dos brasileiros. Pouco ou nada tinha mudado em matéria do zelo a ser prestado ao bem-estar do ser humano e semelhante.

O escravismo se sustenta e permanece pela falta de atenção ao comportamento abusivo dos novos cidadãos brasileiros. Continuam em nada sensíveis ao sentimento de culpa pelos açoites infligidos por terceiros ao outro. Vivem desmemoriados, esquecidos do sentimento de comiseração ensinados nos bancos escolares e religiosos pelos jesuítas. Ao simular um juiz ardiloso em exercício, o Cotrim *condena* esse ou aquele escravizado por ser perverso ou por fujão. O mando patriarcal sobre outro ser humano, seu escravizado, se exerce como se semelhante a ato jurídico e se perpetua como hábito enraizado socialmente e ainda hegemônico na burguesia aristocratizante. A ação de castigar apenas se transfere de local e de mãos.

O mando no mundo rural fundamenta a ordem na cidade.

O feitor, tal como descrito por Antonil, é substituído pelo funcionário obediente ao Estado em formação. Ele cumpre ordens. Lava as mãos. O novo intermediário entre o senhor e o escravizado, o servidor público, tem vida anônima no romance. Ele obedece contratualmente às leis constitucionais em exercício.

Em 2009, no ensaio "O calabouço e o aljube do Rio de Janeiro no século XIX", o brasilianista Tom Holloway, autor do livro *Polícia no Rio de Janeiro: Repressão e resistência numa cidade do século XIX*, nos informa:

> A maioria [dos escravizados] era enviada ao Calabouço por seus senhores para apanhar açoites corretivos. Este serviço de punição disciplinar representava uma colaboração dos donos de escravos e o Estado em formação. Na década de

1820, as autoridades aplicavam o açoite corretivo a pedido dos donos, cobrando uma taxa mínima de 160 réis por centena de golpes, mais 40 réis por dia para subsistência, sem fazer perguntas sobre a ofensa cometida contra o dono ou seus interesses. Uma relíquia da era escravista, que deve chocar o leitor moderno, é o livro-razão em que se escriturou a receita proveniente do pagamento desse serviço para o ano de 1826. Naquele ano, um total de 1786 escravos, entre os quais 262 mulheres, foram chicoteados no Calabouço a pedido de seus senhores, o que dá uma média de quase cinco por dia. Somente 58 sofreram menos de 100 açoites, 778 receberam 200 e 365 pegaram 300.[58]

O "verdadeiro Cotrim", ainda que sem assumir a consciência do ato de castigar o escravizado pelo açoite, continua a agir, de acordo com os inimigos, de maneira "bárbara". O Cotrim contrabandeou escravizados no passado e, de acordo com a lei nacional, continua a puni-los a seu gosto, prazer e serventia. Conta agora com o sistema carcerário de responsabilidade do Estado nacional. A elite nativa é também serva da inconsciência permissiva, conformada pelas novas instituições públicas e ainda capaz de atuações tão violentas quanto as das instituições coloniais e as desempenhadas por feitor nas propriedades rurais. O Cotrim se vira com a paga de tributo ao Estado nacional.

Só aos inimigos é que o Cotrim se apresenta com imagem bárbara.

---

58 Tom Holloway, "O calabouço e o aljube do Rio de Janeiro no século XIX". In: *História das prisões no Brasil*. Org. de Clarissa Nunes, Flávio Neto, Marcos Costa e Marcos Bretas. Rio de Janeiro: Editora Rocco, 2009, v. 1, p. 255.

A prosa machadiana significa que, na verdade, são os *inimigos* os únicos cidadãos a reprovarem o hábito colonial ainda presente.

Na prova dos noves, os inimigos o são porque subtraem da verdade a índole original do cidadão de bem, a fim de enxergar o seu lado "verdadeiro". O Cotrim é um legítimo cidadão escravocrata à espera da... Lei Áurea. A rápida, competente e complexa caracterização do cunhado pelo narrador/protagonista do romance significa que o autor, Machado de Assis, o quis descrever para o seu leitor como um *racista individual*, a ser enquadrado em *racismo institucional* e, finalmente, em *racismo estrutural* (para nos valer das três expressões nossas contemporâneas, que ajudam a dilatar até o presente a fina análise psicológica e social machadiana).

Machado de Assis está nos dizendo que uma sociedade escravocrata conservadora — qualquer que seja ela — *não se repara por si mesma*, ainda que, já tendo investido em movimentos políticos de resistência e restauradores, esteja sendo assistida por aliados bem qualificados e bem-intencionados.

Para se reparar, pouco adianta a sociedade conservadora *interditar* pela vontade soberana da lei os abusos e as violências.

Paralisada pelo *hábito*, a sociedade conservadora não se movimentará revolucionariamente até o momento em que instaurar a *reparação* ao grupo comunitário ao qual impôs o castigo humanitariamente injusto, e o castigo judicial, ou constitucionalmente ilegal.

Memórias póstumas de Brás Cubas pretende dramatizar a *paralisia* revolucionária da sociedade autônoma — em variadas frentes. A primeira aí está — paralisia causada pelo fluxo dos hábitos coloniais escravocratas que, desde 1822, foram paulatinamente reassumidos pela elite brasileira próxima ao poder monárquico-escravocrata.

Junto às senhorinhas e às senhoras, junto aos machões justiceiros e aos intelectuais nacionalistas iluminados, o romance interroga e questiona — teria ele outra função social em tal século independentista? — os *lugares-comuns* do comportamento escravocrata colonial que ainda prevalecem no Brasil autônomo e se espraiam pelo Brasil republicano. Os clichês comportamentais e linguísticos são, julgamos, a força e a razão de ser da paralisia revolucionária dos cidadãos privilegiados, dos donos do poder civil e militar, em regime monárquico.

Personagens de Machado de Assis, ao serem obedientes ao hábito da escravidão, são obedientes ao mando da monarquia no poder nacional. E vice-versa. Seus "inimigos" são os narradores/protagonistas dos cinco últimos romances. E os seus leitores responsáveis.

A paralisia deriva da constatação de que a autonomia da colônia fora presenteada discriminadamente à futura nação sul-americana. A soberania do cidadão é restrita, continua privilégio de classe, de cor e de gênero. A soberania da nação terá de se liberar — eis a proposta machadiana em miúdos — do mero exercício retórico e panfletário do nacionalismo triunfante, por mais necessário que seja, no fomento da persuasão, o recurso ao entusiasmo cívico. Terá de se liberar da retórica nacionalista dominante a fim de apresentar, a longo prazo, os caminhos para a *reconstrução* soberana da nação autônoma. A reconstrução da autonomia, a ser inventada como soberania, será produto de ganhos, perdas e danos, ou seja, será obra do pensamento livre e responsável. Será inventada com a coragem e o destemor dos recentes cidadãos, associados aos não cidadãos devidamente reparados, em harmonia coletiva.

O fluxo dos hábitos antigos ainda escorre pelo cotidiano pós-colonial carioca e formula as regras básicas da *dissi-*

mulação patriótica e festiva, que arregimenta os profundos sentimentos familiares, político-sociais e humanos, matéria do romance de 1881. A rotina sociopolítica e econômica da nação autônoma é a de antes e será a de sempre. Ao dever de se constituir como soberana, a sociedade brasileira acaba por se entregar, devido à repetição dos hábitos, ao tédio (*ennui*, no sentido dado por Blaise Pascal, a que o filósofo francês opõe o *divertissement*).

A nação pós-colonial brasileira está sendo tomada pela incompetência administrativa e política que, no entanto, alardeia aos quatro ventos a sua pseudomodernidade. O romance de 1881 nos alerta para o fato de que o fluxo dos hábitos coloniais ainda rói — como os vermes parasitas ao cadáver de Brás Cubas — até os cidadãos de boa índole original.

O fluxo dos hábitos é a principal razão para a *paralisia* social, política e econômica de uma nação eternamente jovem.

Quinto folhetim

O autodidata aprende a lição da dissonância política, socioeconômica e ficcional *com as* Memórias de um sargento de milícias. *A malandragem é planetária, o empreendedorismo liberal, e se explica atualmente pelo sistema D*

Écbase [retórica] **digressão no discurso.** ETIM *(1890) grego ĕkbasis,eōs 'saída', pelo latim ecbăsis,is 'digressão'.*

Dicionário Houaiss (negrito meu)

Nunca mais deixei de pensar comigo que o nosso espadim é sempre maior do que a espada de Napoleão.

Fala de Brás Cubas, menino, em 1814

Por motivos explicitados no primeiro folhetim, o nacionalista José de Alencar não foi o mestre definitivo de Machado de Assis em prosa literária brasileira. Quem teria sido? Julgo que teria sido ou foi o romancista Manuel Antônio de Almeida (1831–1861), autor de um único romance, também pertencente ao gênero memórias, as de um sargento de milícias.

Memórias de um sargento de milícias, o romance, elege a cidade colonial do Rio de Janeiro como cenário. A dramatização do cotidiano urbano nacional é restrita embora seja expressiva da matriz ficcional a ser estabelecida. O escritor foca o curto período histórico em que os vassalos cariocas acolhem em casa a corte portuguesa, depois de curta estada na Bahia.

"Era no tempo do rei" — relembro a frase que abre o romance, devidamente prolongada pelo romance machadiano.

Em alvará pouco posterior à famosa carta régia de 1808, décimo documento oficial datado do dia 1º de abril do mesmo ano, as duas razões que acodem ao príncipe regente para justificar a abertura dos portos da colônia às nações estrangeiras são explicitadas, e cito de acordo com a edição republicana da *Coleção das leis do Brasil* (Imprensa Nacional, 1891), com grifo de minha responsabilidade:

> Eu o Principe Regente faço saber aos que o presente Alvará virem: que *desejando promover e adiantar a riqueza nacional, e sendo um dos mananciais dela as manufaturas e a indústria que multiplicam e melhoram e dão mais valor aos gêneros e produtos da agricultura e das artes e aumentam a população dando que fazer a muitos braços e fornecendo meios de subsistência a muitos dos meus vassalos, que por falta deles se entregariam aos vícios da ociosidade*: e convindo remover todos os obstáculos que podem inutilizar e frustrar tão vantajosos proveitos: sou servido *abolir e revogar toda e qualquer proibição* que haja a este respeito no Estado do Brasil e nos meus Domínios Ultramarinos [...].

O romance de Manuel Antônio de Almeida aparece inicialmente sob a forma de folhetins, à semelhança das *Memórias póstumas de Brás Cubas* três décadas mais tarde. Os folhetins são publicados entre os anos de 1852 e 1853 no suplemento "A pacotilha", do jornal *Correio Mercantil*, do Rio de Janeiro.

O nome próprio do autor continua anônimo na capa da primeira edição em livro. Permanece "Um Brasileiro". Em 1863, ano em que se publica a primeira edição póstuma do romance, se esclarece que o autor é Manuel Antônio de Almeida.

Do ponto de vista do século em que a colônia lusitana no Novo Mundo ganha a independência, a prosa de Antônio de Almeida anuncia ao então jovem Machado de Assis um imperativo às claras e às escuras, que não tinha merecido carta régia nem alvará assinado pelo príncipe regente.

O imperativo de o artista brasileiro *pôr às claras*, por um lado, o *potencial estilístico e retórico exportável* de uma escrita ficcional em segunda mão, a nacional, crítica da condição colonial e do Brasil prestes a se autonomizar da metrópole portuguesa, sempre sob o domínio da família de Bragança. E, por outro lado, o de deixar de *deixar às escuras*, por razões que entenderemos melhor no decorrer dos séculos, *a presença em terras brasileiras tanto do poder monárquico bragantino como o dos africanos diaspóricos escravizados*.

O artista foca exclusivamente as *transformações urbanas* de pequeno porte, rebeldes na aparência, mas só libertárias na realidade, porque passa uma reduzida parcela intermediária dos cariocas que sobrevivem entre o poder imperial lusitano e o trabalho dos escravizados.

Memórias de um sargento de milícias foca, no tempo do rei, a parcela dos "homens livres na ordem escravocrata", para retomar a perspicácia de Caio Prado Jr.

Em termos literários, a *fuga* de d. João para o Brasil aparenta propor a Manuel Antônio de Almeida e, na verdade, propõe o principal componente duma *matriz* original para a composição do romance nacional. A matriz será a da saída *que se escreve ficcionalmente como* **digressão retórica** e se tornará mais e mais influente entre os mais exigentes dos nossos artistas.

Para configurar a matriz original, valho-me do duplo sentido de figura linguística, a *écbase* (saída e digressão retórica, como atesta a dupla etimologia, grega e latina, do vocábulo dicionarizado, ver epígrafe).

A figura da écbase alimentará, por sua vez, a composição ficcional de Machado de Assis que ora me interessa pôr em estado de laboratório afim de confrontá-la com Marcel Proust. Como exemplo, saliento a saída, ou a fuga, do dom Casmurro para o subúrbio do Engenho Novo, trazendo a tiracolo a casa original na rua de Matacavalos, a da mãe. A vida palpitante do narrador e protagonista brasileiro não se transcorre no subúrbio onde ele se dedica à escrita em segunda mão de romance.

Desde o ensaio introdutório a esses folhetins, tenho acentuado que é o *deslocamento* que gera a experiência da *inadequação dramática* (antagonismo, confronto, desarmonia, desconcerto, discrepância, hostilidade etc. entre as partes) que chega ao leitor sob a forma de *pausas* silenciosas e primorosas no decorrer da narrativa ficcional. Essas pausas servem ao romancista para assinalar e enunciar, em camuflagens sofisticadas, *a condição rebaixada do periférico*, tanto numa visão de administração exclusivamente centrada no privilégio do urbano, como na manifestação autoritária do eurocentrismo nas várias formas de colonização.

A inadequação do lugar suburbano ao centro do nacional mantém uma relação naturalmente homológica[59] com a inadequação do todo nacional (colonizado) ao "universal".

---

59 Nosso vocabulário teórico em literatura comparada tende à apropriação de alguns conceitos simples, tomados da teoria dos conjuntos. Exemplifico com um caso: a relação de inclusão. Ela ocorre quando os elementos de um

A prosa de ficção de Machado de Assis e, no século XX, a de Guimarães Rosa recobrem *em quase silêncio* as culturas não ocidentais e as populações não urbanas — a do subúrbio ontem e a da favela hoje.

Não é simples a complexidade proposta pela prosa machadiana se aproximada da prosa não menos complexa das *Memórias de um sargento de milícias*.

(Ainda que tardiamente nesses folhetins, observe-se que é esse *quase silêncio* que justifica o delicioso título, quase segredo, do *conto-pastiche* de Machado de Assis, que nos tem servido de referência. O *segredo* "é" do exótico bonzo, não é do corriqueiro padre jesuíta, embora este também guarde semelhante quase segredo, mas de significado oposto, o de camuflar, esconder a culpabilidade pelas atrocidades que comete ao implantar a golpes de espada a fé cristã entre os povos orientais. De efeito apenas imaginário, a *invenção* do bonzo, a de um nariz *suplementar* para os orientais, que foram destituídos do original, busca *reparar* o impacto e o abalo daninhos e irreparáveis do sacrifício a que é submetida toda a população colonizada e, no caso do Brasil, escravizada. Idêntica análise se aplica ao capítulo "A ponta do nariz", nas memórias póstumas. E ainda se aplicaria, de outra perspectiva, a da qualidade moderna na narrativa da introspecção, para o adjetivo *secreto* no conto "A causa secreta". Antes de ser psicológica, a moderna introspecção machadiana é anatômica, resultado de *autópsia* ou de *necrópsia*. O romance de

---

conjunto são, também, de outro; ou seja, percebe-se que os conjuntos em questão nem sempre serão iguais, mas alguns elementos sim. Os conjuntos A = {−5, −4, −3, −2, −1, −0, 1, 2, 3, 4, 5} e B = {0, 1, 2, 3, 4, 5} não são iguais, mas vemos que os elementos de B estão dentro do conjunto A.

Robert Stevenson, no qual o monstro se esconde no médico, nos autoriza também.)

Se aproximados os dois romances do século XIX brasileiro, ambos pertencentes ao gênero *memórias*, podemos estabelecer relações *homológicas* — fugas e digressões retóricas — entre a escrita do romance burguês europeu do tempo e a do romance nacional do período independentista. As memórias de um sargento de milícias ainda mantêm uma abrangência nacional eurocêntrica enquanto as de Brás Cubas ambicionam uma dimensão planetária, propícia à desconstrução do eurocentrismo. Só o romance machadiano mantém como verdade uma atitude que é apenas contraditória no alvará de 1º de abril de 1808, a de abolir e de revogar toda proibição.

A prosa ficcional machadiana está realmente à altura do potencial significante de uma abertura pragmática e histórica dos portos nacionais de colônia lusitana, onde trona o príncipe regente da família de Bragança, às nações estrangeiras.

O potencial significante de qualquer *abertura* (de qualquer "é proibido proibir") não se resolve na vida política e econômica conservadora, mas se significa no exercício literário/artístico desconstrutor do poder eurocêntrico. Machado de Assis *dixit*.

José Acúrsio das Neves (1766–1834), historiador e magistrado português, não se furtou a sucinto e delicioso perfil do príncipe regente, às vésperas da *fuga* para a colônia portuguesa nos trópicos (homologicamente adequado ao dom Casmurro em vias de se escafeder para o subúrbio do Engenho Novo, com a casa original de Matacavalos a tiracolo). Eis o perfil do príncipe regente:

> Queria falar e não podia; queria mover-se e, convulso, não acertava a dar um passo; caminhava sobre um abismo, e

apresentava-se-lhe à imaginação um futuro tenebroso e tão incerto como o oceano a que ia entregar-se. Pátria, capital, reino, vassalos, tudo ia abandonar repentinamente, com poucas esperanças de tornar a por-lhes os olhos, e tudo eram espinhos que lhe atravessavam o coração.[60]

Tendo uma figura humana prestigiosa (e desorientada) ao centro da ação dramática, a composição do romance nacional proposta por Antônio de Almeida *desloca*, em viagem transatlântica, a metrópole lusitana para a colônia brasileira, assim como, na tardia ficção machadiana, sob o domínio de um "vencido da vida brasuca,"[61] o Bento Santiago, desloca, na cartografia da capital republicana do Brasil, a casa da mãe tal como construída no bairro da Lapa, pertencente ao perímetro urbano da capital federal, para o subúrbio do Engenho Novo.

Sem-teto e só, um Bragança desembarca na colônia lusitana e se abriga em solar alheio, que lhe é doado, com a finalidade de governar os ingovernáveis vassalos, homens

---

60 Jorge Pedreira e Fernando Dores Costa, *D. João VI: Um príncipe entre dois continentes*. São Paulo: Companhia das Letras, 2008, p. 186.

61 A alusão à geração correspondente à dele na metrópole portuguesa é intencional. Em visita a Eça de Queirós em sua casa em Paris, o poeta Olavo Bilac observa e anota: "Literariamente, a admiração de Eça pelo nosso amado mestre era intensa. Entre outras páginas de Machado, Eça de Queirós sabia de cor o incomparável Delírio de Brás Cubas, e gostava de declamá-lo pausadamente, com inflexões estudadas, que sublinhavam e esclareciam como um comentário as passagens de mais apurada análise psicológica ou de mais sutil ironia. E era um encanto apreciar naquele cantinho da fria Paris, e naquele agreste inverno de 1890, essa enternecedora comunhão através de tantas léguas de mares, dos dois espíritos mais refinados que a nossa raça já produziu nos dois continentes".

livres e escravizados, assim como, no futuro, um dom, caricatura pequeno-burguesa desprovida das qualidades aristocráticas de sangue azul, se transporta solitário, trazendo às costas a casa da mãe, para a região periférica carioca que é administrada pela "aristocracia suburbana" (para retomar a expressão já citada de Lima Barreto), a que ele não pertence. Aliás, muito menos o príncipe regente.

Qual é a experiência do príncipe regente em termos de vida na colônia brasileira? Releia-se o seu malicioso perfil tal como desenhado pelo diplomata português José Acúrsio. Qual a experiência do recém-chegado Dom ao subúrbio carioca do Engenho Novo? Tem tanto receio de tocar no assunto que o motiva ao *retiro* (no sentido religioso do termo) distante dos seus, que adia a redação da *História dos subúrbios cariocas* para depois de concluído o romance.

O príncipe regente nem imagina o genocídio cometido pelos seus vassalos contra os indígenas ou a escravatura imposta por eles aos africanos. Acredita que estará *"dando que fazer a muitos braços e fornecendo meios de subsistência a muitos dos [s]eus vassalos, que por falta deles se entregariam aos vícios da ociosidade"*.

O dom Casmurro se encarcera no seu mundo interior, protegido pela presença imaginária da mãe, e se distancia da sociedade que é e não é a sua, a fim de enxergar, escondendo, as justificativas que inventa para neutralizar os desmandos de patriarca, que lhe trazem infelicidade e culpa.

No século XX republicano, Lima Barreto se dedica a dramatizar a experiência dos "aristocratas suburbanos", como os chama. Vivem aparentemente em comunidade popular, responsável e democrática, distante do governo central e alheia a ele. Seu romance, *Triste fim de Policarpo Quaresma*, explicita o motivo maior, a pedra de toque, da distinção honorífica não oficial que merecem, decorrência da disponibilidade cidadã dos moradores, homens livres do Engenho Novo: "[...] o orgulho da aristocracia suburbana está em ter todo dia jantar e almoço, muito feijão, muita carne-seca, muito ensopado — aí, julga ela, é que está a pedra de toque da nobreza, da alta linha, da distinção".

Se associado ao empreendedorismo liberal do colono branco ou africano alforriado, o elogio do trabalho livre, distante das impertinências e erros do marechal Floriano, na presidência da República, e da alimentação farta de uns e generosa para todos, em regime republicano, embora ainda seja discriminatório e racista, redundaria numa vida *remediada* e feliz das comunidades populares, que se mais alegra com a presença de um artista, cuja reputação duvidosa é desfeita à primeira página, o Ricardo Coração dos Outros.

Não seria essa a melhor repercussão sociopolítica e econômica da matriz original do romance nacional, tal como elaborada por Manuel Antônio de Almeida, caso seja ela associada, no século XX, ao *Triste fim de Policarpo Quaresma*?

Ao contrário da complexidade machadiana, a simplificação de Antônio de Almeida calça botas de sete léguas até chegar ao romance de Lima Barreto.

Pedro Américo, 1888,
Museu do Ipiranga, São Paulo.

Ao concretizar a já prevista autonomia da colônia e implantar o Estado nacional independente em opção pelo regime monárquico-escravocrata, o grito às margens do Ipiranga tem como objetivo espantar o fantasma republicano que, desde os primórdios europeus da Inconfidência Mineira, vem sendo hasteado pela comunidade dos homens brancos livres. Contra os ventos e as marés que sopravam da República norte-americana e chegavam aos ouvidos e aos olhos dos estudantes brasileiros na Europa, o pai d. João acautela o filho Pedro: "Tome a coroa, antes que algum aventureiro lance mão dela".

(Machado de Assis não perderia a oportunidade de alertar o cidadão brasileiro sobre o equívoco que se assenta o Estado nacional. Lembre-se, leitor e companheiro, dos gêmeos Esaú e Jacó, a simbolizar monarquistas e republicanos. Não brinquem com o Jacó. É malandro de nascimento. Com o testemunho da mãe parturiente, Rebeca, passa uma rasteira no irmão primogênito Esaú. Décadas mais tarde, o mesmo Jacó, agora na condição de avô de Manassés e Efraim, comete perfídia idêntica à da sua mãe Rebeca. Elege patriarca o mais novo, Efraim, em detrimento do primogênito Manassés, aliás, um heterônimo do próprio Machado de Assis. Com o nome de Manassés é que o romancista Machado assina como autor do conto "A chinela turca", publicado originalmente na revista do jovem Joaquim Nabuco.)

Em tom jovial, também debochado, a deliciosa e amorosa prosa das *Memórias de um sargento de milícias* engendra e propõe aos leitores — entre eles o jovem colega de trabalho e amigo Machado — uma escrita artística e castiça, bem-humoradíssima e irreverente. O romancista se distancia culturalmente dos personagens triviais que cria. Vassalos todos do rei, elas e eles saracoteiam ciúmes e amores entre os aristocratas e os escravizados. Não lhes falta classificação mais rentável que a de uma expressão popular, a de "remediados". São elas e eles os que conseguem sempre o suficiente para atender aos seus gastos, ou, em terminologia que está no romance em pauta, aqueles que "se arranjam na vida por algum meio". Dos seres humanos semelhantes o romancista se distancia pelo sarcasmo, pleno na composição do romance, ou seja, na própria matriz formal.

A narrativa ficcional dramatiza os *modi vivendi* e *operandi* de um núcleo específico de moradores do Rio de Janeiro, uma cidade provinciana, perdida nos trópicos. A qualificação de *capital* do Reino Unido de Portugal, Brasil e Algarves lhe chega de surpresa, presente que é oferecido pelas tropas de Napoleão Bonaparte e pelos interesses do poderoso governo britânico. *Memórias de um sargento de milícias* seleciona algumas figuras típicas da nova capital, se me permitem a brincadeira em outro momento de deslocamento, e as transforma em personagens *ímpares* na repartição dos papéis. A composição literária é original e está a serviço da inventividade — da *novidade* — ficcional em ordem cultural periférica, dominada pelo eurocentrismo. O grupo privilegiado pelo romancista é formado pelos colonos portugueses/europeus abrasileirados e pelos colonos já brasileiros de nascimento (a cordialidade reinante não permite as indagações malévolas sobre a etnia ou o grau de mestiçagem), julgados livres (ou alforriados) na capital do reino.

Em plena atividade durante o curto período joanino, as figuras humanas do Brasil urbano recebem de Manuel Antônio de Almeida uma leitura desprovida das pompas e circunstâncias conferidas ao desenho do senhor de engenho em seu grupo social, segundo o modelo estabelecido em *Cultura e opulência do Brasil* (1711), de André João Antonil. São assim que essas figuras são levadas adiante até chegar a Machado de Assis já maduro, a se dedicar à reescrita de memórias da perspectiva póstuma. A escrita brasileira em língua literária da capital do Reino Unido visa a destacar uma mistura de personagens variados e semelhantes, extravagantes todos, a representar os colonos brasileiros em plena atividade cotidiana.

Na *Formação do Brasil contemporâneo* (1942), Caio Prado Jr. prevê com pessimismo o *sentido histórico* dos *remediados*, ou, para usar a terminologia do grande historiador marxista, dos "homens livres na ordem escravocrata".[62] Suas palavras são tão duras quanto às do representante da lei, o major Vidigal:[63] "comprime-se [entre os senhores e os escravizados] o número que vai avultando com o tempo, dos desclassificados, dos inúteis e inadaptados, indivíduos de ocupação mais ou menos incerta e aleatória ou sem ocu-

---

62 Lembre-se que ao focar o período colonial em Minas Gerais, Laura de Mello e Souza desloca o local da ação e antecede cronologicamente as memórias de um sargento de milícias e faz exitosa incursão histórica no século XVIII, na região mineira onde se extrai o ouro. Leia-se *Desclassificados do ouro: A pobreza mineira no século XVIII* (2004).

63 Eis como o narrador do romance apresenta, no quinto capítulo, o major Vidigal ao leitor: "Nesse tempo ainda não estava organizada a polícia da cidade, ou antes estava-o de um modo em harmonia com as tendências e ideias da época. O major Vidigal era o *rei absoluto*, o *árbitro supremo* de tudo que dizia respeito a esse ramo de administração; era o *juiz* que julgava e distribuía a pena, e ao mesmo tempo o *guarda* [grifos meus] que dava caça aos criminosos; nas causas da sua imensa alçada não haviam testemunhas, nem provas, nem razões, nem processo; ele resumia tudo em si; a *sua justiça* era infalível; não havia apelação das sentenças que dava, fazia o que queria, e ninguém lhe tomava contas. Exercia enfim uma espécie de inquirição policial".

pação alguma". Caio Prado ressalta a falta de *lugar* para o homem livre na ordem escravocrata e acena para um paradoxo perigoso: os *desclassificados* de ontem se avultam hoje e mais ainda se avultarão amanhã.

O romancista carioca robustece a sua narrativa ficcional a partir de análise astuta e libertina do comportamento humano destemido e afrontoso dos colonos à ordem pública e à lei.

Em outras palavras, assoma-se ao primeiro plano a personalidade do *malandro* brasileiro.[64] O malandro é um mandrião desembaraçado, um mequetrefe engraçado e rebelde, que tem de se autossustentar e sustentar o círculo familiar num sistema social e econômico que o desclassifica incomparavelmente menos que aos escravizados. Se o tipo malandro não afrontar tão às claras a ordem pública e a lei, não será muito diferente do aristocrata suburbano, a que se re-

---

64 Para o bom entendimento das *Memórias de um sargento de milícias* como o digno e único *antecessor* do Machado de Assis de 1881, leia-se primeiro o surpreendente e elaborado ensaio "Dialética da malandragem" (1970), de Antonio Candido. A reflexão sobre o ensaio deve sugerir ao leitor que transfira, em paralelo, o foco na trama do romance oitocentista para os acontecimentos políticos posteriores a 1964, ano em que as forças militares, arrogando-se porta-voz dos legítimos patriotas, arromba e derruba as portas do poder democrático nacional, impondo a ditadura militar. Ao trazê-lo para a atualidade, com passagem pelo romance de Machado de Assis, optamos por compreendê-lo dentro do que o governo, a mídia e o povo classifica hoje como o "empreendedor" (do francês "*entrepreneur*"), cuja figuração socioeconômica presente tende a dissolver as diferenças clássicas de gênero (*gender*) e de etnia. Essa figura dramática, o empreendedor, encontra a sua maior complexidade em *Esaú e Jacó*. Refiro-me ao *anônimo* coletor de esmolas numa igreja que reaparece, depois do Encilhamento, como o *capitalista Nóbrega*, a disputar com os dois gêmeos o coração de Flora.

fere Lima Barreto, que, na comunidade, é pura generosidade na relação com os semelhantes.

Aliás, o malandro recebe nova apelação em *Triste fim de Policarpo Quaresma*. Chama-se Ricardo Coração dos Outros. Na narrativa, ele perde a qualidade de malandro e o sentido pejorativo que o vocábulo denota, embora ainda seja considerado negativamente pela elite urbana, que o julga um "capadócio" ou um "quase capadócio".[65] Policarpo Quaresma é o grande defensor do Ricardo Coração dos Outros. Não tem papas na língua quando, logo na abertura do romance, conversa com a irmã preconceituosa. Vai direto ao ponto: "É preconceito supor-se que todo o homem que toca violão é um desclassificado". E mais adiante acrescenta que o Ricardo "goza da estima geral da alta sociedade suburbana. É uma alta sociedade muito especial e que só é alta nos subúrbios". Aliás, o Ricardo é um artista. Policarpo não titubeia, e cito:

> Não se julgue, entretanto, que Ricardo fosse um cantor de modinhas aí qualquer, um capadócio. Não: Ricardo Coração dos Outros era um artista a frequentar e a honrar as melhores famílias do Méier, Piedade e Riachuelo.

[65] Como termo pejorativo, "capadócio" é definido por todos os dicionários. É aquele que é falto de inteligência; bronco, burro, tapado, aquele que vive de explorar a boa-fé das pessoas; embusteiro, farsante, impostor, aquele que tem maneiras acanalhadas; cafajeste, crápula, velhaco; um significado obsoleto é o de ser "que ou aquele que toca e/ou canta à noite sob as janelas da namorada" (*Dicionário Houaiss*). A figura do capadócio (no sentido pejorativo) merece uma longa digressão no romance de 1853, que transcrevo ao final deste folhetim. Esse material fica para ser trabalhado em algum futuro folhetim. Por enquanto, é uma figura que me intriga.

Portanto, e de outra perspectiva, a personalidade política e ética de figura dramática do malandro (e de suas outras figurações literárias) não deve ser confundida com a *caracterização* dada ao protagonista *pícaro* no romance do Século de Ouro espanhol (o dezessete e o dezoito). A meu ver, por ser um adulto, rebelde, bem-humorado e anárquico, o malandro é, na história socioeconômica brasileira, de passado colonial e período independentista monárquico-escravocrata, uma figura cidadã "de passagem",[66] pertencente ao mesmo sistema econômico que recobre, na Europa, o *"débrouillard"*.

Há ainda limitações para a comparação proposta, já que o *débrouillard* é uma figura humana popular, um protagonista — julgo — mal estudado e menos analisado ainda, julgado também de maneira preconceituosa, que vamos encontrar na atual sociedade francesa, liberal e democrática. Com certo prazer pela malandragem e pela anarquia e apaixonado na entrega à autossustentação e ao sustento dos próximos, essa figura de cidadão e pai de família tem sido representada como pertencente ao *système D*.

Na expressão linguística francesa, a letra "d" se refere aos substantivos *"débrouille"*, *"débrouillardise"* e *"démerde"*. Os verbos *"se débrouiller"* e *"se démerder"* significam que o protagonista, por saber *administrar* bem uma situação inevitável e adversa, acaba sempre por levar vantagem em tudo. O vulgo nosso significa a expressão francesa com pi-

---

[66] Proponho aqui a adaptação à realidade do malandro das memórias, do irmão das almas de Machado e do capadócio de Lima Barreto, uma expressão que Murilo Mendes usa para as figuras femininas que são, na sua poesia, "musas de passagem" que anunciam a Musa. Por mais fascinantes que sejam "as de passagem" não significam a que merece o altar, Maria.

cardia ainda maior: "Jacaré que não se vira, vira [couro de] bolsa". É preciso *se virar* para não ser transformado por mãos pragmáticas e poderosas, superiores, em conhecido acessório da moda feminina.

Nos anos da recente ditadura militar, o sistema D foi também significado pela propaganda de produtos de grande consumo. A publicidade manteve apetitoso o "bolo" milagroso das novas finanças brasileiras que, se dividido num futuro otimista, teria fatias e mais fatias entregues aos miseráveis. Nunca o seria dividido em fatias, claro. Lembre-se que esse bolo era posto no forno pelo ministro da Fazenda, então o economista Delfim Netto. Em propaganda de conhecida marca de cigarro, a imagem e a voz do Gerson, notável jogador de futebol, foram *manipuladas* pelo poder em fala de malandro. A tirada malandra de Gerson — "Eu gosto de levar vantagem em tudo, certo? Leve você também!" — se transformou em bordões semelhantes de ator em telenovela da Globo e de humorista bem-sucedido (lembre-se de Chico Anysio e Jô Soares, por exemplo).

Anti-heroico tanto na malícia como na rebeldia comportamental, o atrevido e crescente grupo de ousados homens livres na ordem escravocrata requer dos novos mantenedores da lei e da ordem pública uma exagerada *elasticidade* na aplicação de correções e punições. Só a elasticidade no cumprimento da lei pode permitir que o (mau, desrespeitoso, permissivo, criminoso etc.) comportamento cívico, indireta ou diretamente político, dos homens livres não chegue a entorpecer a transferência imprevisível e modernizadora da corte de d. João VI à colônia brasileira em 1808.

Embora a malandragem não seja o objeto privilegiado do nosso ensaio, essa exagerada *elasticidade*, pelo seu direito e pelo seu avesso, continuará dominante sob a forma de *há-*

bito, que também informa os personagens dos romances de Machado de Assis e de Lima Barreto.

Pelos eventos narrados no capítulo 12 das *Memórias póstumas de Brás Cubas*, intitulado "Um episódio de 1814", Machado de Assis endossa a magnífica frase de abertura dos romance de 1853, "Era no tempo do rei".

Naquele capítulo, o defunto autor descreve o lauto banquete oferecido pelo pai de Brás Cubas, um fidalgo presuntivo. Deseja expressar na cidade e na colônia de fuga a sua satisfação pela derrota das tropas napoleônicas na Europa. A inadequação da alegria dos colonos ao final da fuga do príncipe regente, que passou a os fazer merecer mais aos olhos do mundo, é um desses jogos típicos de Machado. Deviam é estar lamentando a derrota...

Evidentemente, d. João VI não está presente no banquete pequeno-burguês, como, aliás, em todo o romance de 1853. Também nos dois romances os escravizados não serão personagens de destaque. Alusões não faltarão, claro. Brás Cubas se detém na descrição do comportamento de um novo e crescente grupo social que, "no tempo do rei", é capaz de abrir uma nesga de liberdade atrevida e permissiva na sociedade monárquico-escravocrata, a oscilar entre a possível perpetuação do domínio português nos trópicos e a incontrolável resistência dos colonos em favor da autonomia como Estado-nação.

Essa nesga de liberdade atrevida e permissiva na verdade visa a *qualificar* socialmente os colonos, a priori desclassificados, para *atuar* nos negócios públicos e privados.

Na narrativa machadiana de 1881, o capítulo 12 faz alusões precisas não só ao entorno colonial da família de Bragança, instalada no Rio de Janeiro, como aos novos aristocratas e aos colonos pequeno-burgueses, ambos provincianos, e ainda dados ao contínuo tráfico de escravizados, interditado pelos ingleses desde 1807. Sem rosto e sem nome, lá deve estar o rapazinho Cotrim, futuro marido de Sabina, irmã de Brás Cubas. Relembre-se o capítulo intitulado "O verdadeiro Cotrim".

Ainda que na distante Europa, a queda de Napoleão afeta sensível e financeiramente o cotidiano dos colonos endinheirados, que acabam por merecer, na prosa machadiana, um tratamento retórico e estilístico semelhante ao oferecido por Manuel Antônio de Almeida ao virar pela malandragem, de ponta-cabeça, a sociedade tropical pseudoaristocrática joanina. Como exemplo do tom adotado pelo romancista em 1881, atente-se a esta frase do menino Brás Cubas, às voltas com o espadim que, na época, tinha recebido de presente do padrinho: "Nunca mais deixei de pensar comigo que o nosso espadim é sempre maior do que a espada de Napoleão". Pelo deslocamento, figura retórica que vimos salientando, o original torna-se a razão da invenção de cópia a valorizar a ambição do colono.

Ao descrever a *queda* de Napoleão por banquete segundo o requinte europeu, embora montado nos trópicos, o tom nobre e altissonante da prosa machadiana cede lugar ao tom zombeteiro e debochado da matriz retórica nacional, a fim de narrar outra "queda", a de d. Eusébia. O cenário é deslocado da Europa para a capital do Reino Unido: a queda "de" d. Eusébia se dá noutro campo de batalha, ou seja, por detrás da moita, no fundo do quintal da chácara dos Cubas.

O elegante grupo de velhos e de novos moradores da prestigiada cidade do Rio de Janeiro — os cortesãos, os senhores de boa situação financeira e os homens livres na ordem escravocrata e até o major Vidigal —, cedem lugar, no capítulo 12 das memórias póstumas, a um par amoroso animado e brejeiro, o dr. Vilaça e a d. Eusébia, a *quebrar* a norma dos costumes vigentes. A fuga é para o fundo do quintal da chácara. A Eusébia segue discretamente o Vilaça até a moita. Leva *queda*. Vai ao chão. Não é de forma diferente que o sambista Braguinha insinua, maliciosamente, que não se aceita convite para ir fazer piquenique na Barra da Tijuca ou programa no Joá: "Menina, vai, com jeito vai/ Senão um dia a casa cai".

Os costumes do Rio de Janeiro não mudaram tanto assim desde que a capital do Reino Unido de Portugal, Brasil e Algarves se transformou em balneário internacional. Aliás, o tom bandalho e risonho, escolhido por Braguinha para a marchinha carnavalesca e por Brás Cubas para o capítulo em análise, se beneficia enormemente do romance de 1853.

O bom leitor da literatura brasileira já adivinha que estou a me referir à famosa "cena da pisadela e do beliscão" nas *Memórias de um sargento de milícias*. Tendo como pano de fundo as caravelas em fuga de d. João, o Leonardo, mascate em Lisboa, e a Maria-da-Hortaliça, quitandeira das praças, se encontram no navio que os leva ao Brasil. Cito o romance de 1853:

> Ao sair do Tejo, estando a Maria encostada à borda do navio, o Leonardo fingiu que passava distraído por junto dela, e com o ferrado sapatão assentou-lhe uma valente pisadela no pé direito. A Maria, como se já esperasse por aquilo, sorriu-se como envergonhada do gracejo, e deu-lhe também em ar de disfarce um tremendo beliscão nas costas da mão esquerda.

Nove meses depois, continuam as memórias do sargento de milícias, o efeito da *pisadela* e do *beliscão* se tornaria evidente, como, aliás, o *beijo* na moita dado pelo dr. Vilaça na Eusébia.

A ironia machadiana só se torna desavergonhadamente escrachada e cínica no período pós-Independência, quando ele lança, em conselho de pai a filho, a mais violenta das críticas aos jogos ardilosos do poder comunitário e político. O romancista então se manifesta pelo *jab* de direita da narrativa curta e se vale do termo "chalaça", cuja definição está no próprio conto que escreve, intitulado "Teoria do medalhão". Será publicado no mesmo ano das memórias póstumas e republicado no ano seguinte, na coleção *Papéis avulsos*. Transcrevo a definição oferecida pelo conto:

> [...] a chalaça, a nossa boa chalaça amiga, gorducha, redonda, franca, sem biocos, nem véus, que se mete pela cara dos outros, estala como uma palmada, faz pular o sangue nas veias, e arrebentar de riso os suspensórios.

Com as memórias póstumas e a teoria do medalhão nas livrarias, que se cuidem d. Pedro I e d. Pedro II!

Quando reverencio o mestre de Machado de Assis, tenho de alertar para o fato de que a prosa bagunceira-e-responsável do discípulo se apoia no "humor transcendente" que, segundo Augusto Meyer, é o que "desconhece as limitações do mundo ético", e "está muito além do mal e do bem, pois cortou as amarras que o prendiam à solidariedade humana". Não há como não lembrar os versos de Carlos Drummond em que surpreende, em êxtase, a ácida e lancinante novidade de Machado de Assis no conto "A causa secreta" (publicado em 1885). O protagonista do conto é o médico Fortunato que, nas horas vagas e na condição de médico legista, se dedica à *autópsia/necrópsia* de ratos vivos. Eis os versos de Drummond:

> E ficas mirando o ratinho meio cadáver
> com a polida, minuciosa curiosidade
> de quem saboreia por tabela
> o prazer de Fortunato, vivisseccionista amador.

Contraditoriamente póstumas, as mais recentes *memórias* — as de um vivisseccionista amador, inventor da moderna narrativa introspectiva em língua portuguesa — zoam e zombam de tudo e de todos e é certamente pelo tom mortuário e sepulcral que têm dificuldade em encontrar leitores. Diante da prosa funérea, os leitores se aristocratizam à moda antiga, como a irmã do Policarpo Quaresma, que chama o artista Ricardo de "quase capadócio", ou se pequeno aburguesam pela educação familiar, religiosa e formal e pelo trato com as artes nacionais, em ebulição triunfalista e profusão ordeira.

Nada ficará de pé como sólido no romance de 1881, já que o próprio *legado* aos pósteros da vida-e-obra do autor defunto será descrito com todas as letras ao final do romance e não se sustentará como "imagem sublime" no momento em que o leitor fechar o livro.

A morte do ser humano, tratada pelo romancista sem o cerimonial comunitário e religioso, se vulgariza desde o título insólito e a dedicatória macabra do romance. A narrativa é a de um defunto injurioso e ultrajante. A morte não é razão para o *grand finale* da obra. Está por todo o texto do romance e, por isso, vira tópico literário deletério que, ao abandonar as pompas retumbantes das "*belles images*" de uma vida,[67] para usar a expressão de Simone de Beauvoir, só se torna austero e grave para uma vez mais ser objeto de achincalhe pelo próprio morto, enquanto narrador, e motivo para um fragoroso potencial de afirmações *negativas*, a recapitularem e a condensarem uma experiência de vida que não deveria ter sido espreitada pela imaginação de um grande romancista.

---

[67] Reveja-se a imagem sofrida e digna do rosto de Marcel Proust morto, tal como representada na famosa litografia d'André Dunoyer de Segonzac.

O tom anti-heroico machadiano tem seu mestre em 1853. As memórias póstumas não são, a não ser por detalhe — a mulher amada Virgília que guardo por enquanto como um segredo —, um detalhe escrito em tom elegíaco, trabalhadas em conformidade ao tópos *ubi sunt*, de que é exemplo o famoso poema do francês François Villon, "*La ballade des dames du temps jadis*" ("A balada das mulheres do tempo de outrora").[68]

À exceção desse (importante) detalhe, as memórias póstumas têm-se revelado ao leitor e à crítica como ode às falcatruas que a experiência da vida ofereceu por obra do acaso ao narrador do romance, cujo cadáver padece, no cemitério, o roer insano e terminal pelos vermes. Toda roída por vermes (o verbo "*roer*", nos seus vários tempos, se torna definitivo no cap. 16 de *Dom Casmurro*, intitulado "Os vermes"), a composição física do ser humano se reduz finalmente a um *nada* absoluto que, antes de ser o retorno ao "pó" bíblico (Gênesis, 3:19), é um apavorante e tétrico resíduo alimentar no aparelho digestivo de parasitas famintos.

Há que lembrar o modo como Augusto Meyer categoriza socialmente o humor transcendente de Machado de Assis, típico de Millôr Fernandes na minha geração: "Quem humoriza tem de certo modo a ilusão do camarote, pensa que está acima dos outros, pobres diabos lá na plateia".

---

[68] Aguarde um futuro folhetim, no qual se revelará e se exporá a presença de Virgília no romance e a importância do tom *elegíaco* na prosa das memórias, tom que falta ao romance de Manuel Antônio de Almeida.

Apêndice ao quinto folhetim

Digressão sobre capadócios nas Memórias de uma sargento de milícias *(capítulo 20)*[69]

"Havia um endiabrado patusco que era o *tipo perfeito dos capadócios daquele tempo*, [grifo meu] sobre quem há muitos meses andava o major de olhos abertos, sem que entretanto tivesse achado ocasião de pilhá-lo: sujeitinho cuja ocupação era uma indecifrável adivinhação para muita gente, sempre andava entretanto mais ou menos apatacado: tudo quanto ele possuía de maior valor era um capote em que andava constantemente embuçado, e uma viola que jamais deixava. Gozava reputação de homem muito divertido, e não havia festa de qualquer gênero para a qual não fosse convidado. Em satisfazer a esses convites gastava todo o seu tempo. Ordinariamente amanhecia numa súcia que começara na véspera, uns anos, por exemplo; ao sair daí ia para um jantar de batizado; à noite tinha uma ceia de casamento. A fama que tinha de homem divertido, e que lhe proporcionava tão belos meios de passar o tempo, devia-a a certas habilidades, e principalmente a uma na qual não tinha rival. Tocava viola e cantava muito bem modinhas, dançava o fado com grande perfeição, falava *língua de negro*, e nela cantava admiravelmente, fingia-se aleijado de qualquer parte do corpo

---

[69] Manuel Antônio de Almeida, *Memórias de um sargento de milícias*. São Paulo: Penguin-Companhia, 2013, p. 104.

com muita naturalidade, arremedava perfeitamente a fala dos meninos da roça, sabia milhares de adivinhações, e finalmente, — eis aqui o seu mais raro talento, — sabia com rara perfeição fazer uma variedade infinita de caretas que ninguém era capaz de imitar. Era por consequência as delícias das espirituosas sociedades em que se achava. Quem dava uma súcia em sua casa, e queria ter grande roda e boa companhia, bastava somente anunciar aos convidados que o Teotônio (era este o seu nome) se acharia presente.

Agora quanto à sua ocupação ou meio de vida, que para muitos era, como dissemos, impenetrável segredo, o major Vidigal tanto fez que a descobriu: em dias designados da semana reunia-se no sótão onde ele morava certo número de pessoas que levavam até alta noite aí metidas: Teotônio era o banqueiro de uma roda de jogo.

Nesta conformidade andava o major a querer pilhá-lo em flagrante; e, como tentava isso desde muito sem que o pudesse conseguir, por ser sempre iludida a sua vigilância pela troca constante que faziam os da roda dos seus dias de reunião, resolveu pôr a mão no Teotônio na primeira ocasião, e servir-se depois dele para a captura dos outros companheiros."

Agradeço ao Cristhiano Aguiar pela primeira leitura deste manuscrito. E ao Paulo Roberto Pires pela publicação de partes deste mesmo manuscrito na revista serrote.

SOBRE O AUTOR

Silviano Santiago nasceu em Formiga (MG), em 1936. Sua vasta obra inclui romances, contos, poemas e ensaios. É professor emérito da UFF. É autor, entre outros, de *Em liberdade* (1981), *Stela Manhattan* (1985), *Machado* (2016) e *Genealogia da ferocidade* (2017). É vencedor de prêmios como o Jabuti e o Oceanos. Pelo conjunto da produção literária, recebeu o prêmio Machado de Assis da Academia Brasileira de Letras e o José Danoso, do Chile. Recebeu ainda o Prêmio Camões 2022.

Dados Internacionais de Catalogação na Publicação (CIP)
de acordo com ISBD

S235g
Santiago, Silviano
 O grande relógio: A que hora o mundo recomeça –
Caderno em andamento 1 / Silviano Santiago.
São Paulo: Editora Nós, 2024.
176 pp.

ISBN 978-65-85832-54-0

1. Crítica literária. 2. Literatura brasileira.
3. Literatura francesa. I. Título.

2024-2715 / CDD 809 / CDU 82.09

Elaborado por Odilio Hilario Moreira Junior, CRB-8/9949

Índices para catálogo sistemático:
1. Literatura: Crítica literária 809
2. Literatura: Crítica literária 82.09

© Editora Nós, 2024
© Silviano Santiago, 2024

Direção editorial SIMONE PAULINO
Editor SCHNEIDER CARPEGGIANI
Editora-assistente MARIANA CORREIA SANTOS
Assistente editorial GABRIEL PAULINO
Projeto gráfico BLOCO GRÁFICO
Assistente de design STEPHANIE Y. SHU
Preparação IGOR GOMES
Revisão GABRIEL PAULINO, MARIANA CORREIA SANTOS
Produção gráfica MARINA AMBRASAS
Assistente de vendas LIGIA CARLA DE OLIVEIRA
Assistente de marketing MARIANA AMÂNCIO DE SOUSA
Assistente administrativa CAMILA MIRANDA PEREIRA

Imagem da p. 156 PEDRO AMÉRICO
Independência ou Morte! (O Grito do Ipiranga),
óleo sobre tela, 415 × 760 cm

Texto atualizado segundo o novo Acordo Ortográfico
da Língua Portuguesa

Todos os direitos desta edição reservados à Editora Nós
Rua Purpurina, 198, cj. 21
Vila Madalena, São Paulo, SP
CEP 05435-030
www.editoranos.com.br

Fonte CHASSI
Papel PÓLEN BOLD 70 g/m²
Impressão MARGRAF